Geniale FUSSBALL FAKTEN
UND UNNÜTZES WISSEN

Fieberst du auch jedes Wochenende auf das Spiel deiner Mannschaft hin?
Dauert dir die Sommer- und Winterpause auch immer vieeel zu lange?
Dann bist du vermutlich – wie wir – ein Fußball-Verrückter und wirst mit diesem Buch deine Freude haben – garantiert! ;-)

Hier findest du Fußballgeschichten, die aus einem Hollywood-Film stammen könnten, witzige Fakten und Dinge, die jeder Fußballfan wissen sollte, skurrile Verletzungen, die peinlichsten Pannen und vieles mehr!

Wusstest du, dass unattraktive Männer nachweislich die besseren Fußballer sind? Oder dass bei einem Länderspiel in Deutschland vier Zuschauer zu ihrem Länderspiel-Debüt kamen?

Außerdem erfährst du, warum in Bremen ein alkoholisches Getränk nach einem Schiedsrichter benannt wurde, warum du bei einem Chelsea-Spiel keinen Sellerie mit ins Stadion nehmen darfst, bei welchem Spiel eine Handgranate aufs Spielfeld flog und wo ein Spieler mit Fußfessel auf dem Platz stand.

Weiters sehen wir uns **interessante Statistiken und Studien** an. Was ist zum Beispiel dran, dass ein gefoulter Spieler nicht selbst zum Elfmeter antreten soll? Welchen Einfluss hat der Faktor Zufall oder die Farbe der Trikots auf ein Spiel?

Das und noch vieles mehr findest du hier!

von Felix Becker
1. Auflage
©2021 Felix Becker
Alle Rechte vorbehalten

INHALT

Lustige Fakten & unnützes Wissen 5

Pleiten, Pech und Pannen 51

Kuriose Fast-Transfers 67

Rekorde 76

Rituale, Allüren, Ticks & Aberglaube ... 88

Vereine und ihre Spitznamen 95

Skurrile Verletzungen 99

Skandale 105

Alte Regeln & Sitten 112

Impressum 118

Lustige Fakten & unnützes Wissen

Der Fußball schreibt oft kuriose, skurrile und unglaubliche Geschichten! In diesem Kapitel haben wir die besten Storys, lustigsten Anekdoten und Fakten zusammengetragen, die du schon immer – oder vielleicht auch noch nie – wissen wolltest.  Den Fokus haben wir dabei auf den deutschen Fußball gelegt, aber auch aus anderen Ländern findest du geniale Kuriositäten. Von Kreisliga-Helden bis hin zur Champions League-Elite – wir haben die besten Geschichten aufgespürt. **Viel Spaß!**

1. Im Florence-Nightingale-Krankenhaus in Düsseldorf gibt es einen **rot-weiß dekorierten Kreißsaal**, wo Fortuna-Fans ihre Babys zur Welt bringen können.

2. **Unattraktive Männer sind die besseren Fußballer!?** Zu diesem Ergebnis kommt zumindest eine Studie des deutschen Soziologie-Professors Ulrich Rosar. Er verglich die Attraktivität von knapp 500 Fußball-Profis und deren sportliche Leistungen. Rosar kam dabei zu dem Ergebnis, dass unattraktive Männer im Schnitt tatsächlich bessere Leistungen erbringen, da sie sich mehr anstrengen müssen, um positiv wahrgenommen zu werden.

3. **Mit Fußfessel am Spielfeld:** Was wie eine schlechte Kreisliga-Story klingt, trug sich in Wahrheit in der größten Fußball-Liga der Welt zu, nämlich in der englischen Premier League. 2005 wurde Birmingham City-Spieler Jermaine Pennant wegen Trunkenheit am Steuer und Fahrens ohne Führerschein zu 90 Tagen Haft verurteilt. Nach 30 Tagen durfte er das Gefängnis mit einer elektrischen Fußfessel verlassen, diese durfte er auch bei Spielen nicht ablegen. So kam es, dass Pennant im Spiel gegen Tottenham mit einer Fußfessel auf dem Spielfeld stand.

4. Miroslav Klose hat seine spätere Frau im Fanshop des 1. FC Kaiserslautern kennengelernt.

5. Wenn man im Juli 2011 auf Google Maps nach dem Wort „Scheiße" gesucht hat, landete man bei der Geschäftsstelle von Schalke 04. Nachdem ein Fan den Verein darauf aufmerksam gemacht hatte, forderte man Google dazu auf, dies zu ändern – mit Erfolg. Wer dafür verantwortlich war, ist bis heute unklar.

6. **„Piraten-Nest"** – So heißt die Kindertagesstätte des FC St. Pauli. Die Kita befindet sich direkt im Stadion und wurde von der New York Times als „coolster Kindergarten der Welt" bezeichnet.

7. Die ehemalige Hauptstadt Bonn ist mit 330.000 Einwohnern die größte Stadt in Deutschland, die noch nie mit einem Verein in der ersten Bundesliga vertreten war.

8. **Eine alte Fußballweisheit besagt, dass der gefoulte Spieler nicht selbst zum Elfmeter antreten soll.** Doch stimmt das wirklich? In einer Studie wurden Elfmeter zwischen 1963 bis 2005 analysiert. Gefoulte Spielcr, die selbst antraten, verwerteten 72,55% ihrer Strafstöße, während es in der anderen Gruppe 74,62% waren. Das Ergebnis liegt damit innerhalb der normalen Schwankungsbreite. Fazit: Es ist egal, wer den Elfmeter schießt!

9. Die offiziellen Farben der Stadt München sind Schwarz und Gelb, die von Dortmund sind Rot und Weiß.

10. Je lauter es in einem Stadion ist, desto mehr Verwarnungen gibt es für die Auswärts-Mannschaft. Zu diesem Schluss kamen Wissenschaftler der Universitäten Köln und Heidelberg. Sie untersuchten dafür 1530 Spiele in der Bundesliga. Schiedsrichter lassen sich – natürlich unbewusst – vom Lärm der Heimfans in ihren Entscheidungen beeinflussen.

11. Eine Hommage an Zlatan Ibrahimovic: Im schwedischen Duden findet man das Wort „**zlatanieren**" – als Ausdruck für „stark dominieren".

12. Beim Spiel zwischen Werder Bremen und Hannover 96 im Jahr 1975 pfiff der **alkoholisierte Schiedsrichter** Wolf-Dieter Ahlenfelder bereits nach 32 Minuten zur Halbzeit, ließ sich dann aber doch davon überzeugen, weiterspielen zu lassen – 90 Sekunden vor Schluss hatte er endgültig genug und beendete die erste Halbzeit. Wenn man heute in der Bremer Vereinsgaststätte einen „Ahlenfelder" bestellt, bekommt man ein Bier und einen Schnaps. Das hatte der Schiedsrichter damals vor dem Spiel getrunken.

13. Den inoffiziellen Titel als ewiger Zweiter hat Bayer Leverkusen inne. Der Verein hat sich den Begriff „**Vizekusen**" schützen lassen. In England kennt man den Verein auch als „Neverkusen".

14. Klaus Augenthaler bekam als Spieler bei der WM 1990 in Italien ein Einzelzimmer, weil er starker Raucher war. Im Finale gegen Argentinien spielte er durch und Deutschland wurde Weltmeister.

15. **0,5:0** – das war der kuriose Endstand bei einem Spiel in den 1940er Jahren in Brasilien. Bei einem Elfmeter platzte der

Ball und die innere Gummiblase landete im Tor, die Lederhülle jedoch daneben. Der Schiedsrichter wertete das als halbes Tor.

16. Papst Johannes Paul II. war Ehrenmitglied bei Schalke 04.

17. Der Ausdruck „**die Arschkarte gezogen**" hat seinen Ursprung im Fußball. Genauer aus der Zeit, als Spiele im Fernsehen noch in schwarz-weiß übertragen wurden. Da man gelbe und rote Karten farblich nicht unterscheiden konnte und der Schiedsrichter die rote Karte stets in der Gesäßtasche mitführte, bezeichnete man diese als „Arschkarte".

18. Der beste isländische Nationalteam-Torschütze aller Zeiten heißt „**Sigthorsson**".

19. Der Vater des ehemaligen FC Bayern- & HSV-Spielers, Daniel van Buyten, war Profi-Wrestler.

20. Der kolumbianische Torhüter René Higuita verpasste die WM 1994 in den USA, da er wegen der Beteiligung an einer Entführung in Haft war.

21. Etwa 15% aller direkten Freistöße landen im Tor.

22. In der Türkei sind Trabzonspor & Bursaspor die beiden einzigen Vereine außerhalb Istanbuls, die je einen Meistertitel gewinnen konnten.

23. Ex-Schalker Thorsten Legat zog sich seine Hose beim Termin für das Mannschaftsfoto im Jahr 2000 bis unter die Brust. Die Aktion blieb unbemerkt und das Foto erschien u. a. im Kicker. Legat erhielt dafür von zwei Mannschaftskollegen 1000 Mark, musste aber laut eigener Aussage das **Zehnfache an Strafe** bezahlen.

24. Der Berater des ehemaligen Werder Bremen und Schalke-Spielers Ailton versuchte, dessen Torjäger-Trophäe und andere Gegenstände auf eBay zu versteigern, da ihm der Spieler angeblich Geld schuldete. 80 Minuten vor Auktionsende löschte eBay die Auktion bei einem Maximalgebot von über 600.000 Euro.

25. Uli Hoeneß überlebte 1982 einen **Flugzeugabsturz**. Alle anderen Insassen kamen dabei ums Leben.

26. Jugoslawien qualifizierte sich zwar für die Europameisterschaft 1992 in Schweden, wurde wegen des Balkankonflikts jedoch 10 Tage vor Beginn des Turniers wieder „ausgeladen". Der dadurch freigewordene Platz wurde an Dänemark vergeben. Die Legionäre der dänischen Mannschaft befanden sich zum Teil bereits im Urlaub und legten deshalb vor der EM extra Konditionsschichten ein. An ein gutes Abschneiden glaubte trotzdem niemand, auch nicht die Spieler selbst. In der Gruppenphase gewannen die Dänen zwar nur ein Spiel, schafften aber dennoch als Gruppenzweiter (vor Frankreich und England) den Einzug ins Halbfinale. Dort wurden die Holländer im Elfmeterschießen besiegt. Dänemark stand somit im Finale, wo die deutsche Nationalelf wartete. Das Endspiel in Göteborg gewannen die „Danish Dynamite" mit 2:0 und schafften somit das, was vorher keiner für möglich gehalten hätte: **Dänemark holte sensationell seinen ersten und bisher einzigen Europameistertitel!**

27.  In den 90ern lief ein Spieler des österreichischen Top-Clubs VOEST Linz mit der **Rückennummer 95,2** auf. Er machte damit Werbung für einen Radiosender.

28. **Flutlicht-Pokalsieger Eintracht Frankfurt**: 1957 und 1958 wurde in Deutschland – parallel zum DFB-Pokal – der sogenannte „Flutlicht-Pokal" ausgetragen. Man wollte damit die besondere Atmosphäre bei den damals noch neuartigen Flutlicht-Spielen transportieren. Kurios: Bei Torgleichheit wurde damals das Eckenverhältnis zur Entscheidung herangezogen. So kam es, dass Eintracht Frankfurt nach einem 3:3 im Hinspiel und einem 0:0 im Rückspiel das erste Finale im Jahr 1957 nur wegen des besseren Eckenverhältnisses gegen Schalke 04 gewonnen hat. Der zweite Verein, der sich Flutlichtpokal-Sieger nennen darf, sind die Kickers Offenbach. 1958 setzte man sich im Finale gegen Eintracht Braunschweig durch. Wegen mangelnden Zuschauerinteresses wurde der Bewerb danach wieder eingestellt.

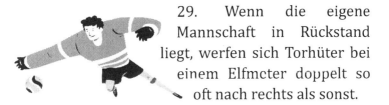

29. Wenn die eigene Mannschaft in Rückstand liegt, werfen sich Torhüter bei einem Elfmeter doppelt so oft nach rechts als sonst.

30. Bisher haben nur 8 Länder eine Fußball-Weltmeisterschaft gewonnen.

31. Der österreichische Erstligist SV Ried spielt in der „**Keine Sorgen Arena**". Noch lustiger war der Stadionname der SpVgg Greuther Fürth. Zwischen 1997 und 2010 spielten die Kleeblätter im „**Playmobil-Stadion**", dann wurde das Stadion in „Trolli Arena" umgetauft und hatte diesen Namen bis 2014.

32. Der 17-jährige Isländer Eidur Gudjohnsen wurde bei seinem Länderspiel Debüt für seinen eigenen Vater eingewechselt.

33. Der Südkoreaner Ahn Jung-Hwan warf mit seinem Tor bei der WM 2002 Italien aus dem Turnier. Der Präsident bei seinem italienischen Stammverein Perugia kündigte daraufhin seinen Vertrag, da er nicht den Mann bezahlen wolle, der den italienischen Fußball ruiniert hat.

34. Wenn eine Heimmannschaft mit 1:0 in Führung geht, liegt die Wahrscheinlichkeit, dass diese das Spiel auch gewinnt, bei 93%. Bei einem 2:0-Vorsprung steigt die Wahrscheinlichkeit bereits auf 98%. Wenn eine Auswärtsmannschaft mit 1:0 in Führung geht, gewinnt diese das Spiel zu 78%. Zu diesem Ergebnis kam eine Untersuchung des Professors Rudolf Taschner von der Technischen Universität Tübingen.

35. Rund 10% aller Einwohner Islands reisten zur EM 2016 in Frankreich, um ihr Team zu unterstützen.

36. Wenn zwei gleich starke Mannschaften aufeinandertreffen, hat laut einer britischen Studie die Mannschaft mit roten Trikots bessere Gewinnchancen.

37. Die ideale Länge von einem Grashalm auf einem Fußballfeld beträgt 28 Millimeter.

38. Weil es dort so windig ist, darf auf den Färöer-Inseln bei einem Elfmeter ein dritter Spieler in den Strafraum, um den Ball festzuhalten.

39. Der Spitzname der australischen Nationalmannschaft lautet „**Socceroos**".

40. Die deutsche Meisterschale hat einen geschätzten Materialwert von 25.000 Euro.

41. Es ist noch keinem englischen Trainer gelungen, die englische Premier League zu gewinnen.

42. Der erste deutsche Meister wurde der 1. FC Köln im Jahr 1964.

43. Der ehemalige Rot-Weiß Essen- und Borussia Dortmund-Spieler Willi Lippens kassierte einmal eine gelbe Karte mit den Worten: „Herr Lippens, ich verwarne Ihnen". Lippens antwortete darauf: **„Herr Schiedsrichter, ich danke Sie".** Ergebnis: Gelb-Rot und 14 Tage Sperre wegen respektlosen Verhaltens.

44. Im WM-Viertelfinale 1966 zwischen Argentinien und England erhielt der Argentinier Antonio Rattin eine rote Karte, **weigerte sich aber, das Spielfeld zu verlassen.** Er wurde daraufhin von der Polizei vom Platz geführt. Dabei wurde er von Zuschauern mit Schokoladenriegeln beworfen. Er hob einen auf und aß ihn.

45. Der Vater von Gary Neville heißt **Neville Neville**.

46. Mannschaften mit der besseren Zweikampfbilanz gewinnen nur etwa 40% aller Spiele.

47. Die deutsche Bundesliga der Frauen wird seit der Saison 1990/91 ausgetragen. Den ersten Titel holten sich die Damen des TSV Siegen.

48. Da der WM-Pokal so wertvoll ist, muss ihn die siegreiche Mannschaft nach der Feier an die FIFA zurückgeben und erhält dafür eine vergoldete Imitation.

49. Weil Nordkoreaner nur in Ausnahmefällen ausreisen dürfen, schickte man einfach chinesische Fußball-Fans zur Unterstützung der nordkoreanischen Nationalmannschaft bei der Weltmeisterschaft 2010 in Südafrika.

50. Zinedine Zidane wurde in seiner gesamten Karriere kein einziges Mal wegen Abseits zurückgepfiffen.

51. **Deutscher Meister Rapid Wien**! Der österreichische Verein Rapid Wien wurde 1938 deutscher Pokalsieger und 1941 sogar deutscher Meister. Im Finale gegen Schalke 04 drehten die Wiener noch einen 0:3-Rückstand und gewannen am Ende mit 4:3. Wegen des Anschlusses Österreichs an

Deutschland gab es damals eine Meisterschaft für das gesamte Deutsche Reich.

52. **Doping-Kontrollen** werden in der deutschen Bundesliga seit 1988 durchgeführt. Zunächst nur nach Spielen, seit 1995 auch im Training. Der erste Spieler, der überführt wurde, war Roland Wohlfarth vom VfL Bochum. Ein kurioser Fall war der von 1860 München-Spieler Nemanja Vucicevic. Er wurde 2005 für ein halbes Jahr gesperrt, da er ein Haarwuchsmittel mit dem verbotenen Wirkstoff Finasterid eingenommen hatte. Laut Aussagen ehemaliger Spieler war Doping in den 1980er Jahren in Deutschland Gang und Gäbe. Bei dem unter den Spielern beliebtesten Wirkstoff soll es sich um „Captagon" gehandelt haben. Dieser unterdrückt Müdigkeit, steigert die Konzentration und senkt die Aggressionsschwelle, was teilweise zu Überreaktionen am Platz führte.

53. Die ewige Tabelle der zweiten deutschen Bundesliga führt die SpVgg Greuther Fürth vor dem FC St. Pauli an. Früher waren die Kleeblätter auch in der ersten Liga erfolgreich und konnten unter anderem dreimal die deutsche Meisterschaft gewinnen. Der letzte Titel stammt allerdings bereits aus dem Jahr 1929.

54. Der ehemalige deutsche Nationalspieler Gerald Asamoah hat eine eigene Stiftung für herzkranke Kinder ins Leben gerufen. Asamoah hatte als Kind selbst einen schweren Herzfehler und konnte erst nach einer Behandlung in den USA seine erfolgreiche Karriere starten.

55. Seit 1982 stand bei jedem WM-Finale mindestens ein Spieler vom FC Bayern am Feld. (Stand 2021)

56. Wegen des Anschlusses Österreichs an Deutschland trat man bei der WM 1938 in Frankreich mit einem gemeinsamen Team an. Vorgabe an Reichstrainer Sepp Herberger war, dass 6 deutsche und 5 österreichische Spieler am Platz stehen sollen. Das Team scheiterte bereits in der ersten Runde an der Schweiz.

57. Das am schlechtesten besuchte Spiel der WM-Geschichte fand 1930 in Uruguay statt. Beim Spiel zwischen Rumänien und Peru waren lediglich **300 Zuschauer** im Stadion.

58. 1992 gab es von Douglas ein 1. FC Köln Parfum mit dem Namen „**Effcé Cologne**".

59. Der Spitzname des Stadions von Boca Juniors bedeutet übersetzt „**die Pralinenschachtel**". Das Stadion von Bayern München wird auch „Schlauchboot" genannt. Manchester United spiel im „Theater der Träume" und Feyenoord Rotterdam in der „Wanne".

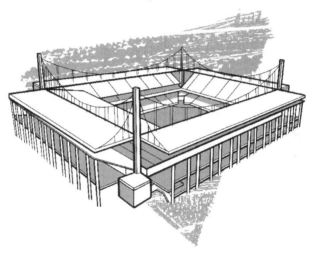

60. Da der brasilianische Spieler „Somália" an seinem letzten Urlaubstag zu ausgiebig gefeiert hat und dann am nächsten Tag den Trainingsbeginn bei seinem Verein Botafogo Rio de Janeiro verschlafen hat, täuschte er kurzerhand seine eigene Entführung vor und gab an, 2 Stunden später wieder freigelassen worden zu sein. Um der Geschichte Glaubwürdigkeit zu verleihen, zeigte er den Fall bei der Polizei an. Er vergaß jedoch die Überwachungskamera

vor seinem Haus, weshalb sein Schwindel schnell aufgedeckt wurde. Um einer Verurteilung zu entgehen, einigte sich der Spieler mit dem Staatsanwalt auf eine Spendenzahlung von umgerechnet 13.000 Euro an Flutopfer.

61. Eine Studie der Universität Duisburg-Essen kam zu dem Ergebnis, dass ein Sieg pro 100 Meter, die eine Mannschaft mehr als ihr Gegner läuft, um 3,19% wahrscheinlicher wird. Wenn die beiden Mannschaften in etwa gleich stark sind, steigt die Wahrscheinlichkeit sogar um 4,5%.

62. Die deutsche Bundesliga wurde 1962 gegründet. Den ersten Meistertitel in der Saison 1963/64 holte sich der 1. FC Köln, Pokalsieger wurde der TSV 1860 München. Die ersten Absteiger hießen Preußen Münster und 1. FC Saarbrücken. Die meisten Zuschauer lockte der VfB Stuttgart ins Stadion, im Schnitt besuchten 40.100 Fans die Spiele der Schwaben.

63. Arsenal London, oder auch **The Gunners** (Die Kanoniere), tragen ihren Namen, da der Club von Mitarbeitern eines Rüstungsunternehmens gegründet wurde.

64. Wenn man sich bei uns zum „Public Viewing" trifft, ist bei uns damit natürlich das gemeinsame Verfolgen eines Sportereignisses gemeint. Im Englischen verwendet man den Begriff u. a. auch für eine **Leichenschau**. Bei manchen Spielen vielleicht gar nicht so unpassend...

65. Die Mütter von Lukas Podolski und Miroslav Klose spielten beide in der polnischen Handball-Nationalmannschaft.

66. Im Schnitt führt nur etwa jeder 50. Eckball zu einem Tor.

67. Arbeitslose Fußballer werden vom Jobcenter als **Künstler** geführt.

68. 91.000 Zuschauer waren 1975 beim Spiel Hertha BSC gegen Borussia Mönchen-

gladbach im Berliner Olympiastadion. Bis heute deutscher Rekord!

69. Bayer Leverkusen wird in Spanien auch scherzhaft „**Las Aspirinas**" genannt.

70. Wegen Unruhen bei einem Länderspiel zwischen Honduras und El Salvador 1969 brach kurz darauf ein militärischer Konflikt zwischen den beiden Ländern aus. Dieser wurde aber bereits nach 100 Stunden wieder beendet.

71. Als Borussia Dortmund 2003 in finanziellen Schwierigkeiten steckte, half der FC Bayern München mit einem Darlehen über 2 Millionen Euro aus.

72. Drittligaspieler und gleichzeitiger Staatspräsident Bojko Borissow wurde 2011 in Bulgarien zum Fußballer des Jahres gewählt. Auf Platz 2 landete Stürmerstar und Manchester United-Spieler Dimitar Berbatov.

73. Als der deutsche Nationalspieler Marco Bode 1995 bei Nelson Mandela zu Besuch war, empfing ihn dieser mit den Worten: **„Sie sehen ja aus wie Steffi Graf".**

74. 30 Grad ist der perfekte Abwurfwinkel beim Einwurf.

75. **Gemüseverbot im Stadion**: Da Fans von Chelsea London beim Singen eines nicht ganz jugendfreien Liedes immer wieder Sellerie aufs Spielfeld warfen, erließ der Verein kurzerhand ein Sellerieverbot im Stadion und sprach sogar Stadionverbote gegen Fans aus, die sich nicht daran hielten.

76. Im Jahr 2005 benötigte ein deutscher Nationalspieler im Schnitt 2,8 Sekunden von der Ballannahme bis zur Weitergabe. 5 Jahre später, bei der Weltmeisterschaft in Südafrika, waren es nur mehr 1,1 Sekunden.

77. In der ewigen Tabelle der UEFA Champions League liegt der FC Bayern vor dem FC Barcelona auf Platz 2. Erster ist wenig überraschend Real Madrid (Stand 2021).

78. Athletic Bilbao spielt seit Gründung der Primera División 1928 ohne Unterbrechung in der höchsten spanischen Liga. Neben Real Madrid und dem FC Barcelona ist man damit die Mannschaft, die nie abgestiegen ist. Was Athletic aber so besonders macht, ist deren Spielerpolitik. Es werden nur Spieler eingesetzt, die baskische Wurzeln haben, oder im Baskenland geboren wurden. Bilbao gewann trotzdem 8-mal die spanische Meisterschaft und 24-mal den Pokal. Bemerkenswert!

79. Die kleinste Stadt, die jemals in der deutschen Bundesliga vertreten war, ist Unterhaching mit 22.000 Einwohnern.

80. Bei der Fußball-Weltmeisterschaft 1930 in Uruguay konnte jedes interessierte Land ohne Qualifikation teilnehmen. Angemeldet haben sich allerdings nur 13 Länder. Teilweise wurde Ländern sogar Geld geboten, um sie zu einer Teilnahme zu bewegen. Deutschland blieb dem Turnier fern, da man für einen Amateurstatus im Fußball eintrat. Weltmeister wurde Gastgeber Uruguay.

81. Kein anderer Fußballverein auf der Welt hat so viele Mitglieder wie der FC Bayern.

82. In Österreichs zweithöchster Liga spielte zwischen 2001 und 2005 ein Verein mit dem Namen „**SC Interwetten.com**". Der Club hieß ursprünglich „SC Untersiebenbrunn", aus finanziellen Gründen wurde der Name jedoch werbewirksam geändert. Gebracht hat es dem Verein jedoch nicht viel, 2005 wurde den Niederösterreichern die Lizenz verweigert und man musste in der untersten Spielklasse neu starten.

83. Der SC Interwetten.com war jedoch nicht das einzige Namenskuriosum im österreichischen Fußball. Hier ein paar weitere Highlights aus Liga 1 und 2:
- **Komm&Kauf Vorwärts Österreich**
- **SK stabil FENSTER Sturm Graz**
- **FK Austria Memphis Wien**
- **SCS bet-at-home.com**
- **SV Perlinger Naturprodukte Wörgl**
- **McDonalds Vienna**

84. 56 verschiedene Vereine haben bisher in der ersten deutschen Bundesliga gespielt. Darunter auch weniger bekannte Namen wie SC Tasmania 1900 Berlin, Borussia Neunkirchen, Blau-Weiß 90 Berlin oder der FC 08 Homburg.

85. Den Text zur Vereinshymne „**Stern des Südens**" vom FC Bayern haben der ehemalige Stadionsprecher der Münchner und ein Kabarettist komponiert.

86. Bei der FIFA wird Fußball immer mit Doppel-S geschrieben. Der Verband hat seinen Hauptsitz nämlich in der Schweiz, wo kein „ß" verwendet wird.

87. Als während der Corona-Pandemie keine Fans in deutschen Stadien erlaubt waren, gab es etwa 15% weniger Heimsiege als sonst üblich. Insgesamt gab es sogar mehr Auswärts- als Heimsiege. Außerdem wurde festgestellt, dass Überraschungssiege seltener wurden.

88. Ein **Einwurf direkt ins Tor** ist nicht erlaubt. Sollte der Ball ohne Berührung im Tor landen, geht es mit Abstoß weiter.

89. „**Was hilft gegen Augenringe?**" Diese Suchanfrage steigt nach TV-Übertragungen von WM-Spielen um das Fünffache.

90. Die Champions League – oder ihre Vorgänger Bewerbe – wird regelmäßig von den Top-Clubs gewonnen. Aber wusstest du, dass sich auch schon weniger namhafte Clubs wie Nottingham Forest (2x), Steaua Bukarest, Aston Villa oder Roter Stern Belgrad in das Titelbuch eintragen konnten? Aus Deutschland holten neben den Bayern auch noch Borussia Dortmund und der Hamburger SV die begehrte Trophäe. 1960 stand Eintracht Frankfurt im Finale, verlor jedoch 7:3 gegen Real Madrid. Es war zugleich das torreichste Finale der Geschichte.

91. Die Europameisterschaft hieß ursprünglich „Europapokal der Nationen".

92. Frankreich verweigerte die Teilnahme an der Weltmeisterschaft 1950 in Brasilien, da die Spielorte in der Vorrunde zu weit auseinanderlagen.

93. Wegen der deutschen Wiedervereinigung wurde die Saison 1991/92 mit 20 Teams ausgetragen. Damit die nachfolgende Saison wieder mit 18 Teams ausgetragen werden

konnte, gab es vier Absteiger.

94. Trainer Max Merkel sagte einmal, dass er im Training Alkoholiker gegen Nicht-Alkoholiker spielen ließ. Die Alkoholiker gewannen 7:1, darauf sagte er: „**Ok, sauft's weiter!**".

95. Als Franco Foda 1987 bei einem Länderspiel in Brasilien sein Debüt für die deutsche Nationalmannschaft gab und der Stadionsprecher seinen Namen verkündete, brach das Stadion in Gelächter aus. Auf Portugiesisch bedeutet Franco Foda nämlich so viel wie „**kostenloser Geschlechtsverkehr**". Foda erfuhr den Grund für die Reaktion des Publikums erst später aus der Zeitung.

96. Die beliebte Hymne der UEFA Champions League wurde 1992 vom Engländer Tony Britten komponiert und basiert auf Georg Friedrich Händels „Zadok The Priest" aus den Coronation Anthems. Sie setzt sich aus einem englischen, deutschen und französischen Teil zusammen.

97. Der Begriff „**Derby**" hat seinen Ursprung in der Grafschaft Derbyshire. Im mittelalterlichen England wurde jeden Faschingsdienstag in der Region Derbyshire das sogenannte Shrovetide-Fußballspiel ausgetragen. Die Teams wurden aus Bewohnern zweier Ortsteile zusammengestellt. Ziel war es, mit dem Ball den gegnerischen Mühlstein zu berühren. Die Mühlsteine lagen etwa 5 Kilometer auseinander und gespielt wurde mit bis zu 1000 Teilnehmern. Das erste „echte" Fußball-Derby wurde 1866 zwischen Nottingham Forest und Notts County ausgetragen. Ein ganz besonderes Derby ist das sogenannte Merseyside-Derby zwischen dem FC Liverpool und dem FC Everton. Die Stadien der beiden Clubs liegen nur etwa einen Kilometer auseinander.

98. In der ewigen Endrunden-Tabelle bei Europameisterschaften liegt Deutschland auf dem ersten Platz.

99. **Ziegen statt Rasenmäher** – bei Borussia Mönchengladbach waren in der Vorkriegszeit Ziegen für die Rasenpflege im Stadion verantwortlich. Wenn die Ziegen nicht gerade im Stadion „arbeiteten", wohnten sie zu Hause bei Borussias legendärem Platzwart Josef „Jupp" Kames.

100. Zwischen 1998 und 2003 trainierte Wolfgang Wolf den VfL Wolfsburg.

101. **Das Tor war irre-regulär!** Schimpfte ein aufgebrachter Hans Krankl (damals als Teamchef von Österreich) einmal in die Fernsehkameras. Er meinte wohl etwas anderes...

102. Als **Wembley-Tor** wird ein vermeintliches Tor bezeichnet, bei dem der Ball von der Unterkante der Latte nach unten springt und es nicht sicher ist, ob der Ball dabei vollständig hinter der Linie war oder nicht.

Der Name entstand in einem – für deutsche Fußballfans – denkwürdigen Fußballspiel. Genauer beim Finale der Weltmeisterschaft 1966 zwischen England und Deutschland im Wembley Stadion. Beim Stand von 2:2 erzielte der Engländer Geoff Hurst auf die oben beschriebene Weise das vermeintliche 3:2 für die „Three Lions". Der Schweizer Schiedsrichter gab zunächst Eckball, beriet sich dann aber mit dem sowjetischen Linienrichter, welcher kein Englisch konnte. Der Linienrichter deutete zur Mittellinie, woraufhin der Schiedsrichter auf Tor entschied. Deutschland warf alles nach vorne und kassierte kurz vor Schluss noch das 4:2. Später räumte der Linienrichter ein, nicht erkannt zu haben, ob der Ball hinter der Linie war, und seine Entscheidung aufgrund der Reaktion von Spielern und Fans getroffen zu haben. Dank der **Torlinientechnik** ist so ein Treffer heute nicht mehr möglich. Ob der Ball tatsächlich im Tor war, blieb lange Zeit ungeklärt. In den 1990er Jahren kam eine Untersuchung der Universität Oxford zu dem Ergebnis, dass sechs Zentimeter des Balles noch auf der Linie waren und der Treffer somit hätte nicht zählen dürfen.

103. 1989 siegten die deutschen Fußballerinnen zum ersten Mal bei der Frauen-Europameisterschaft. Als Prämie erhielt jede Spielerin ein Kaffeeservice.

104. Während der Weltmeisterschaft 2014 wurden in deutschen Krankenhäusern knapp 4% mehr Herzinfarkte registriert als sonst üblich.

105. Jürgen Klopp schrieb seine Diplomarbeit an der Goethe-Universität Frankfurt zum Thema „Nordic Walking".

106. Nach seinem Wechsel zum FC Barcelona sagte Samuel Eto'o, er werde rennen wie ein Schwarzer, um zu leben wie ein Weißer.

107. Beim Spiel zwischen Millwall und Brentford im Jahr 1965 schmiss ein Zuschauer eine **Handgranate aufs Spielfeld**. Diese war, Gott sei Dank, nicht entsichert. Der Schiedsrichter ließ das Spielfeld dennoch räumen und ein Bombenkommando anrücken.

108. Der Begriff „Tiki-Taka Fußball" entstand bei der Weltmeisterschaft 1978 und bezeichnete das schnelle Passspiel mit einmal Berühren der argentinischen Nationalmannschaft. Es ist auf ein beliebtes Spiel der 1970er Jahre zurückzuführen, bei dem zwei Kugeln aneinanderprallten.

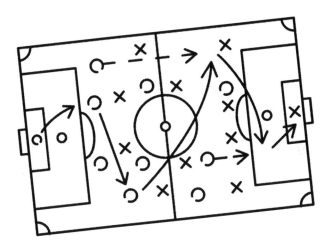

109. Oft wird behauptet, dass für einen Aufsteiger das zweite Jahr das schwerste sei. Statistisch ist dies jedoch nicht belegbar. In der Bundesliga steigen etwa 40% der Aufsteiger nach der ersten Saison wieder ab, 25% nach der zweiten und 30% nach der dritten.

110. Weil die FIFA bei der WM 1950 den Ländern aus Afrika und Asien nur einen Startplatz zusprach, boykottierten – bis auf Südafrika – alle afrikanischen Länder die Weltmeisterschaft. Wegen der dort vorherrschenden Apartheidpolitik wurde Südafrika die Teilnahme von der FIFA verweigert.

111. **Lionel Messi** litt in seiner Kindheit und Jugend an einer seltenen Form der Kleinwüchsigkeit und musste sich selber Wachstumshormone spritzen. Es wird spekuliert, dass das auch die Ursache dafür ist, dass sich der Weltstar immer wieder auf dem Spielfeld übergeben musste.

112. Als **Kultkicker Thorsten Legat** in der Saison 1994/95 in einem Formtief steckte, begründete er dies mit dem Tod seines Vaters. Der Verein drückte dem Spieler sein Beileid aus und schickte einen Trauerstrauß. Die Geschichte war jedoch gelogen und der vermeintlich gestorbene Vater nahm den Strauß persönlich entgegen.

113. Obwohl es für den VfL Bochum in der ersten Bundesliga noch nie für mehr als zu Platz 5 gereicht hat, stellten die Bochumer bereits dreimal den Torschützenkönig.

114. **Fairplay-Regel ging nach hinten los.** Bei der Weltmeisterschaft 2018 kam bei Punkt- und Torgleichheit die sogenannte Fairplay-Regel zum Zug. Im letzten Gruppenspiel lagen sowohl Japan als auch Senegal 0:1 hinten. Bei diesem Spielstand war das Tor- und Punkteverhältnis komplett ausgeglichen, die Japaner hatten allerdings zwei gelbe Karten weniger und lagen damit auf einem Aufstiegsplatz. Japan setzte also alles daran, den 0:1-Rückstand gegen Polen zu halten, und ließ den Ball nur mehr in den eigenen Reihen zirkulieren. Am Ende hatte man damit Erfolg und Japan zog ins Achtelfinale ein. Dort war dann gegen Belgien Schluss.

115. **Weniger Knieverletzungen dank speziellem Training.** Bei einer Studie, an der sich 70 deutsche Fußballmannschaften beteiligten, wurde festgestellt, dass sich Knieverletzungen mit speziellen Knie- übungen deutlich reduzieren lassen.

116. Flitzer gibt es im Fußball immer wieder, und um Nachahmungstäter zu vermeiden, werden diese im Fernsehen aber nicht mehr gezeigt. Einen Flitzer der besonderen Art gab es in der Landesliga Nord beim Spiel zwischen FC 98 Henningsdorf und dem FSV Babelsberg, als ein 74-jähriger Rentner nur in Unterhosen bekleidet übers Feld lief. Das

Video davon wurde zum Internethit; später wurde bekannt, dass es sich bei der Aktion um einen Werbegag handelte.

117. Osama Bin Laden erhielt 2001 Stadionverbot von Arsenal London. Hintergrund war, dass Bin Laden angeblich Fan der Gunners war und sich bereits früher Spiele im Stadion angesehen hatte.

118. Das Wort „**Tifosi**", mit dem man üblicherweise fanatische Sport- und Fußballfans aus Italien beschreibt, geht auf die Infektionskrankheit Typhus zurück, die unbehandelt hohes Fieber verursacht. Ebenso wie das Fußballfieber bei einem Fan.

119. **Neuer Trainer – neues Glück?** Wenn eine Mannschaft nach schlechten Leistungen den Trainer wechselt, hat sie – entgegen der weit verbreiteten Meinung – keinen statistischen Vorteil. Zu diesem Ergebnis kam eine Untersuchung von Bundesliga-Spielen zwischen 1963 und 2009. Der sogenannte Trainereffekt ist also eher ein Mythos.

120. Im sogenannten **RoboCup** treten Roboter gegeneinander im Fußball an. Die Entwickler haben sich zum Ziel gesetzt, mit den Maschinen bis 2050 die menschliche Weltmeister-Mannschaft zu besiegen.

121. Jan Rosenthal ist der einzige Feldspieler der Bundesliga-Geschichte, der einen Elfmeter gehalten hat. Im Spiel zwischen Hannover 96 und dem VfL Wolfsburg 2008 kassierte Hannover Goalie Florian Fromlowitz die

rote Karte und Wolfsburg bekam einen Elfmeter zugesprochen. Da 96 sein Wechselkontingent bereits erschöpft hatte, musste Feldspieler Jan Rosenthal ins Tor und parierte den Strafstoß. Am Ende verlor man dennoch mit 1:2.

122. Bei einem Spiel zwischen FSV Aufkirchen II und dem FSV Kottgeisering II unterbrach der Schiedsrichter die Partie, um sich am Imbissstand, der direkt neben dem Spielfeld stand, eine Wurstsemmel zu bestellen.

123. Iván Zamorano spielte 1996 bis 2001 für Inter Mailand und trug zu Beginn die Rücken-nummer 9. Als Inter 1997 den damaligen Weltstar Ronaldo verpflichtete und diesem aus Marketinggründen die Nummer 9 übergab, musste Zamorano fortan mit der 18 spielen. Er war damit jedoch nicht einverstanden und klebte sich selbst ein „+"-Zeichen zwischen die beiden Ziffern. So spielte er zumindest rechnerisch wieder mit seiner bevorzugten Rückennummer.

124. **Absage wegen Fuchskot.** 2017 musste das Bezirksligaspiel zwischen dem 1. FC Garmisch-Patenkirchen und 1. FC Penzberg abgesagt werden, da Füchse auf dem Spielfeld ihr Geschäft verrichteten und für eine Säuberung die Zeit fehlte. Den Gästen aus Penzberg kam die Absage allerdings nicht ungelegen. Da zwei Spieler am Vortag auf einer Hochzeitsfeier waren, wollte man die Partie ohnehin verschieben. Fuchs – äh, Schwein gehabt!

125. Vor dem Zweiten Weltkrieg kam es häufiger vor, dass Deutschland **zwei Länderspiele an einem Tag** bestritt. Die Trainer wollten die Möglichkeit nutzen, so viele Spieler wie möglich zu testen. Meist trat einmal die erste Mannschaft an und einmal eine B-Elf. Beide Spiele wurden jedoch als offizielle Länderspiele gewertet.

126. Bei Spartak Moskau spielte zwischen 2005 bis 2009 ein Brasilianer mit dem klingenden Namen „**Mozart**".

127. Im Jahr 2003 beim sogenannten Westderby in Österreich zwischen Wacker Innsbruck und Austria Salzburg ließen Wacker-Fans ein Schwein mit umgebundenem Salzburg-Schal aufs Spielfeld laufen.

128. In der Bundesliga wird der Herbstmeister zu etwa 70% auch Meister.

129. In Finnland gibt es einen Verein mit dem Namen **FC Kiffen 08**. Der Club spielt heute nur mehr unterklassig, wurde aber bereits viermal finnischer Meister. Ebenfalls in Finnland beheimatet ist der **FC Santa Claus**.

130. Statistisch gewinnen Heimmannschaften etwa 68% ihrer Spiele. Dies wird auf die Beeinflussbarkeit des Schiedsrichters durch die Heimfans zurückgeführt.

131. Beim Champions League-Spiel zwischen Manchester United und dem FC Bayern im Jahr 2001 schlich sich ein Fan im Spieler-Outfit an den Sicherheitsleuten vorbei und posierte mit dem Manchester-Team fürs Mannschaftsfoto.

132. Bayern-Spieler, die in der Saison 2020/21 beim Training oder bei einem öffentlichen Termin mit einem anderen Auto als einem Audi erschienen, mussten **50.000 Euro Strafe** zahlen. Fürs Spucken in der Kabine wurden 10.000 Euro fällig. Etwas billiger kamen Spieler weg, die ihr Kontingent an signierten Autogrammkarten nicht erfüllt haben. Hier wechselten 2.000 Euro den Besitzer.

133. In der Bundesliga läuft ein Spieler durchschnittlich 11,09 Kilometer pro Spiel.

134. **Kurios: Nach 13 Sekunden wieder ausgewechselt!** Beim estnischen Hauptstadtderby zwischen FC Levadia Tallinn und dem Nomme Kalju FC im Jahr 2020 wurde ein Spieler bereits 13 Sekunden nach dem Anpfiff wieder ausgewechselt. Der Grund ist etwas kurios: In Estland schreibt es das Regelwerk vor, dass mindestens zwei Spieler aus dem eigenen Nachwuchs in der Startelf stehen müssen. Eigentlich kein Problem für Kalju, allerdings befanden sich die meisten Nachwuchs- spieler aufgrund der Corona-Pandemie in Quarantäne. Daher stellte der Trainer einen erst 16-jährigen in die Startelf und wechselte diesen kurz nach Spielbeginn gegen einen routinierten Spieler aus.

135. Schiedsrichter verweist sich selber des Feldes. Nachdem ein Spieler bei einem unterklassigen Ligaspiel in England den Schiedsrichter verbal attackierte, brannten beim Schiri alle Sicherungen durch. Er schmiss seine Pfeife und seine Karten zu Boden, ging kampfbereit auf den Spieler zu und beleidigte diesen. Als der Referee wieder zur Besinnung kam, zeigte er sich für diese Aktion selber die rote Karte und verließ das Spielfeld.

136. Im Durchschnitt schießen Mannschaften daheim 0,7 Tore mehr als auswärts.

137. Das erste Tor in der Bundesliga-Geschichte gelang 1963 dem Dortmunder Timo Konietzka.

138. Der ehemalige Arsenal-Spieler Alex Song hat 27 Geschwister.

139. Der ehemalige Bundesliga-Profi Heribert Finken begrüßte einmal seinen Gegenspieler mit dem Satz: „Mein Name ist Finken und du wirst gleich hinken".

140. Im deutschen Unterhaus sind so klingende Vereinsnamen zu finden wie SV 71 Busendorf, FC Pech, SpVgg Oberkotzau, Sportfreunde Ursulapoppenricht, TUS Schwachhausen, TSV Poppenhausen, Sportfreunde kein Ort und der TSV Warzen.

141. Der Brasilianer Roberto Carlos war bekannt für seine wuchtigen und stark ange-schnittenen Freistöße. Beim Länderspiel 1997 gegen Frankreich gelang Carlos ein unglaublicher Freistoß-Treffer, der mit seiner Flugkurve alles bisher Gesehene in den Schatten stellte. Der Treffer wurde später wissenschaftlich analysiert, ließ sich aber physikalisch nicht durch den sogenannten Magnus-Effekt erklären.

142. Die Vergabe der sogenannten **Meistersterne** – welche Vereine meist oberhalb des Wappens platzieren – ist in der Bundesliga folgendermaßen geregelt: Den ersten Stern erhält man nach drei Titeln, den zweiten ab 5. Nach 10 Meistertiteln erhält man einen dritten Stern, einen vierten ab 20 und einen fünften nach 30 Titeln. Vereine in Deutschland die einen oder mehr Sterne verliehen bekommen haben, sind die Bayern (5 Sterne), Dortmund (2), Borussia Mönchengladbach (2), Hamburger SV (1), Stuttgart (1) und Werder Bremen (1). In vielen anderen

Ländern wird der erste Stern erst nach 10 Meistertiteln vergeben. Auch Nationalmannschaften wird diese Auszeichnung zuteil: Pro gewonnener Weltmeisterschaft erhält man einen Stern.

143. **Faktor Zufall**: Laut einer Studie der Sporthochschule Köln ist bei 46% aller Tore der Zufall im Spiel. Dazu zählen zum Beispiel Abstauber, Eigentore, Fehler der gegnerischen Abwehr oder abgefälschte Schüsse.

144. Bei einer Umfrage wurden 10.000 Fußballfans aus ganz Europa nach ihrem Lieblingsgericht befragt, das sie während einer Fußballübertragung konsumieren. Die Pizza landete dabei mit 53% auf Platz eins. Auf den weiteren Plätzen landeten Burger + Pommes, Kebap und Chicken-Wings.

145. Der Spitzname „Chicharito" des ehemaligen Real Madrid- und Bayer Leverkusen-Spielers Javier Hernández bedeutet übersetzt „kleine Erbse".

146. Bei Olympischen Sommerspielen dürfen Fußballmannschaften maximal drei routinierte Spieler nominieren, die restlichen Kaderspieler dürfen höchstens 23 Jahre alt sein.

147. Im Jahr 2001 fuhren Fans von Atalanta Bergamo im Moped-Konvoi zum Auswärtsspiel gegen Inter Mailand. Inter Fans überfielen den Konvoi und stahlen einem der Bergamo-Capos den Roller, brachten

diesen ins Stadion und warfen ihn vor den Augen der Atalanta-Fans von der Tribüne.

148. Die in Afrika beliebte Stadion-Tröte „Vuvuzela" erzeugt einen Lärmpegel von 123 Dezibel. Das liegt bereits deutlich über der Schmerzgrenze der meisten Menschen. Bei der Weltmeisterschaft 2010 in Südafrika war das Summen teilweise durchgehend zu hören, was vielen Fernsehzusehern auf die Nerven ging.

149. 2009 wurde der Verein RB Leipzig von Red Bull gegründet. Da Namensgebungen zu Werbezwecken – anders als in Österreich bei Red Bull Salzburg – vom DFB verboten sind, suchte der Verein nach einem Namen mit den Red Bull-Kürzeln „RB" und nannte sich daher RasenBallsport Leipzig. Der Verein hat sich in seiner kurzen Vereinsgeschichte zwar sportlich schon zu einem der besten Clubs des Landes entwickelt, wird von Fans anderer Vereine wegen seiner kommerziellen Ausrichtung jedoch oft sehr kritisch betrachtet.

150. Bei einem Länderspiel zwischen Dänemark und dem Iran ertönte aus dem Publikum ein Pfiff. Ein Iran-Spieler hielt es für den Pausenpfiff und nahm den Ball in die Hand. Der Schiedsrichter entschied auf Elfmeter für Dänemark. Die Dänen zeigten sich jedoch als faire Sportsmänner und Morten Wieghorst verschoss den Elfmeter nach Rücksprache mit seinem Trainer.

151. Weil eine 78-jährige Rentnerin aus Schleswig-Holstein fast dieselbe Telefonnummer wie die FIFA-Zentrale hatte, riefen bei ihr regelmäßig Fußballfans an und wollten u. a. Tickets bestellen. Sogar aus dem Ausland und mitten in der Nacht erhielt die Dame Anrufe von Fußballbegeisterten.

152. Statistisch ist der häufigste Vorname in der deutschen Bundesliga „Thomas", der häufigste Nachname „Müller".

153. Als Ajax Amsterdam in der Saison 2020/21 Meister wurde, entschloss sich der Club dazu, die **Meisterschale einzuschmelzen** und daraus 42.000 kleine Meistersterne anzufertigen. Diese wurden an alle Dauerkarteninhaber verschickt. Man wollte

sich damit bei den Fans bedanken, die während der Pandemie nicht ins Stadion durften.

154. Als Bayern-Anhängern beim Auswärtsspiel gegen Dortmund im Jahr 2013 das Mitbringen von Fan-Utensilien untersagt wurde, verkleideten sich einige Münchner Fans als Mitarbeiter eines Dortmunder Bierlieferanten und schmuggelten so erfolgreich ihr Fan-Material ins Stadion.

155. 2018 hat BVB-Profi Axel Witsel den Spieleentwickler „EA" auf Twitter gebeten, sein Gesicht in FIFA 19 zu ändern.

Pleiten, Pech und Pannen

Für viele ist der Fußball die wichtigste Nebensache der Welt, für manche sogar mehr! Wenn es bei der eigenen Mannschaft nicht rund läuft, kann einen das aber schonmal zur Weißglut treiben. Im folgenden Kapitel findest du die unglücklichsten Momente, peinlichsten Pannen oder Aktionen, die gründlich in die Hose gegangen sind.

1. **Ein bitteres Jahr für Michael Ballack!** An die Saison 2001/2002 erinnert sich Michael Ballack vermutlich nicht gerne zurück. Mit Leverkusen verpasste er einen Punkt hinter Dortmund nur

knapp den deutschen Meistertitel. Das DFB-Pokal-Finale wurde mit 2:4 gegen Schalke ebenfalls verloren. Auch im Champions League-Finale musste man sich mit 1:2 gegen Real Madrid geschlagen geben. Und dann verlor Deutschland auch noch das WM-Finale gegen Brasilien mit 0:2 – wegen einer Gelsperre fehlte Ballack im Endspiel.

2. **An einem Haufen Klopapier gescheitert:** Weil Borussia Mönchengladbach-Torhüter Wolfgang Kleff 1970 damit beschäftigt war, Klopapier-Rollen einzusammeln, die Fans des FC Everton in der Halbzeit aufs Spielfeld warfen, stand er zu weit vor seinem Tor, was ein Spieler der Engländer zum 1:1 Ausgleich (und Endstand) nutzte. Ausgerechnet im bis dato größten Europapokal-Spiel der Vereinsgeschichte passierte dem Goalie dieses Malheur. Auch das Rückspiel in England endete 1:1. Am Ende verloren die Borussen im Elfmeterschießen und mussten sich aus dem Europapokal verabschieden.

3. Abédi Pelé - immerhin dreimaliger Fußballer des Jahres in Afrika – wechselte 1996 nach München. Zu den Bayern? Das dachte Pelé zumindest. Tatsächlich unterschrieb er aber bei 1860 München, von denen er zuvor noch nie gehört hatte.

4. 1985 erzielte Helmut Winklhofer als Spieler des FC Bayern München ein **Eigentor aus 35 Metern**. Es war eines der kuriosesten Eigentore der Bundesliga-Geschichte und wurde damals sogar zum Tor des Monats gewählt.

5. Die **längste Sperre in der Bundesliga-Geschichte** kassierte Hertha BSC-Spieler Lewan Kobiaschwili. Beim Relegationsspiel 2012 gegen Fortuna Düsseldorf versetzte der Georgier dem Schiedsrichter einen Faustschlag auf den Hinterkopf. Er wurde dafür für siebeneinhalb Monate gesperrt und musste 60.000 Euro Strafe zahlen. Später wurde Kobiaschwili Präsident des Georgischen Fußballverbandes.

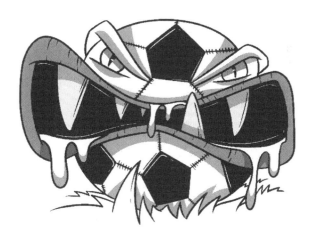

6. Für ein Foul nach 3 Sekunden bekam der Waliser Vinnie Jones 1992 beim Spiel Chelsea London gegen Sheffield United die schnellste gelbe Karte aller Zeiten.

7. San Marino und Andorra haben noch kein einziges Spiel in einer EM-Qualifikation gewonnen.

8. Nur drei Minuten dauerte die Nationalteamkarriere von Bernd Martin als damaliger Spieler des VfB Stuttgart.

9. Der Franzose Pascal Nouma wurde 2003 von Besiktas Istanbul entlassen, weil er ein Tor mit einem Griff in den Schritt gefeiert hatte.

10. **114 gelbe Karten** – diesen Rekord hält Stefan Effenberg in der Deutschen Bundesliga. Er benötigte dafür nur 370 Spiele.

11. Drei Elfmeter in der regulären Spielzeit verschoss Martin Palermo aus Argentinien bei der Copa America 1999.

12. Dreimal hat es Holland bis ins WM-Finale geschafft und jedes Mal hat man verloren – ein Rekord für die Geschichtsbücher.

13. Die meisten Eigentore in der deutschen Bundesliga-Geschichte „gelangen" Nikolce Noveski vom FSV Mainz und Manfred Kaltz vom HSV. Sie trafen in ihrer Karriere beide 6-mal in das eigene Tor. Noch im Rennen um diesen Titel

ist der Österreicher Martin Hinteregger. Stand 2021 traf er 5-mal in den falschen Kasten.

14. Das erste Länderspiel zwischen Deutschland und England fand 1899 in Berlin statt. **Deutschland verlor 2:13**.

15. **Der schlechteste Nichtabsteiger aller Zeiten?** Diesen Titel hält der Hamburger SV! In der Saison 2013/14 holten die Hanseaten nur 27 Punkte, standen am Ende aber trotzdem auf Platz 15. Noch nie ist einer Mannschaft mit weniger Punkten der Klassenerhalt gelungen. Die Hamburger konnten so ihren Status als „Bundesliga-Dino" weiter aufrechterhalten. Zumindest bis zur Saison 2017/18, dann mussten auch die „Rothosen" den Gang in Liga 2 antreten.

16. **Und der schlechteste Meister?** Mit diesem Titel „darf" sich der FC Bayern schmücken. In der Saison 2000/01 holten die Münchner mit nur 63 Punkten die Meisterschale an die Isar. Seit Einführung der 3-Punkte-Regel haben noch nie so wenige Punkte für den Titelgewinn gereicht.

17. In der Saison 1937/38 ist Manchester City trotz einem positiven Torverhältnis von 80:77 in die First Division abgestiegen.

18. Als Max Meyer 2018 von Schalke zu Crystal Palace wechselte, präsentierten die Londoner auf ihrer Homepage fälschlicherweise ein Bild

von Joshua Kimmich, der noch bis 2023 beim FC Bayern unter Vertrag stand.

19. Der Kroate Domagoj Vida wurde vor einem Freundschaftsspiel zwischen Kroatien und der Türkei auf Corona getestet. Dass der Test positiv ausfiel, erfuhr der Spieler allerdings erst in der Halbzeit. Er wurde daraufhin ausgewechselt und isoliert.

20. 1033 Minuten oder 10 Spiele in Folge blieb der 1. FC Köln in der Saison 2001/2002 ohne eigenen Torerfolg.

21. **Das erste Tor fiel bereits vor Anpfiff.** Beim Champions League-Halbfinale 1998 zwischen Real Madrid und Borussia Dortmund kletterten Fans vor Spielbeginn auf einen Zaun hinter dem Tor. Der Zaun knickte um und zog das daran befestigte Tor mit. Es musste ein neues Tor besorgt werden, was den Anpfiff der Partie um 76 Minuten verzögerte. Die humorvolle Überbrückung der Verzögerung bescherten den TV-Moderatoren Günther Jauch und Marcel Reif den bayerischen Fernsehpreis.

22. **Das erste Tor nach 353 Profi-Spielen!** Vermutlich nicht mehr an einen eigenen Torerfolg geglaubt hat Rechtsverteidiger Dennis Diekmeier (u. a. Werder Bremen, 1. FC Nürnberg & HSV), doch nach 353 Spielen als Fußball-Profi

war es im Jahr 2020 soweit und Diekmeier konnte sich endlich als Torschütze in der Bundesliga-Geschichte verewigen.

23. In der Saison 2014/15 führte der gerade aufgestiegene **SC Paderborn** nach 4 Spieltagen sensationell die Tabelle der deutschen Bundesliga an. Die Freude hielt jedoch nicht lange. Im weiteren Verlauf der Saison wurde man bis auf den letzten Platz durchgereicht und am Ende musste Paderborn wieder in die zweite Liga absteigen.

24. Bei einem Bundesliga-Spiel 2018 zwischen Mainz und Freiburg pfiff der Schiedsrichter beim Stand von 0:0 zur Halbzeit. Als die Spieler bereits in der Kabine waren, wurde vom Video-Schiedsrichter mitgeteilt, dass es kurz vor dem Pausenpfiff ein strafbares Handspiel im Freiburger Strafraum gab. Es wurde daher auf Strafstoß für Mainz entschieden und die Spieler mussten wieder auf den Platz.

25. **Das schnellste Eigentor** in der deutschen Bundesliga-Geschichte „gelang" 2019 Leon Goretzka im Trikot des FC Bayern München. Gegen den FC Augsburg traf Goretzka nach 12 Sekunden und mit der ersten Ballberührung der Bayern in den eigenen Kasten. Darüber gefreut hat sich vermutlich der bisherige Rekordhalter - Lothar Matthäus.

26. 2013 verpflichtete Hannover 96 den brasilianischen Abwehrhünen „Franca". Der vermeintlich 1,90 Meter große Mann entpuppte sich bei seiner Vorstellung jedoch als nur 1,82 Meter groß. Das Missverständnis endete bereits ein Jahr später wieder und man verlieh Franca zurück in die Heimat.

27. Zwischen 2006 und 2018 stand Red Bull Salzburg 11-mal in der Champions League-Qualifikation – **und scheiterte immer**. Manchmal äußerst knapp, manchmal blamabel, wie 2012 gegen F91 Düdelingen aus Luxemburg. 2019 erhielt Österreich einen Champions League-Fixplatz. So konnten die Salzburger die gehasste Qualifikation umgehen und schafften es so im 12. Anlauf endlich in die Königsklasse.

28. **Vier Zuschauer kamen zu Länderspieldebüt:** Weil 1910 beim Spiel zwischen Deutschland und Belgien einige deutsche Spieler nicht angereist waren, wurde im Duisburger Publikum nach Freiwilligen gesucht. So kam es, dass Deutschland das Spiel mit vier Zusehern bestritt. Man verlor immerhin nur mit 0:3.

29. Bei einem Spiel bei der WM 1990 zwischen England und Irland tackelte Gary Lineker einen Gegenspieler. Lineker war bereits vor der Partie von Durchfall geplagt und machte sich bei dem Tackling in die Hose. Er versuchte, sich im Rasen abzuwischen, die Fernsehkameras trugen die Bilder aber um die Welt.

30. Die SpVgg Greuther Fürth „schaffte" es in der Saison 2012/2013, ohne einen einzigen Heimsieg aus der deutschen Bundesliga abzusteigen.

31. 1973 verfolgten **800 Zuschauer** die Partie zwischen Oberhausen und Offenbach im Stadion. Negativrekord in der Bundesliga.

32. Den unrühmlichen Titel „**Rekordabsteiger**" trägt der 1. FC Nürnberg. Insgesamt neunmal ist man aus der deutschen Bundesliga abgestiegen.

33. Weil im Jahr 2004 beim Spiel zwischen Werder Bremen und Schalke 04 der Strom im Weserstadion ausgefallen ist, konnte das Spiel erst um 21.34 Uhr mit über einer Stunde Verspätung angepfiffen werden. Als Werder-

59

Spieler Nelson Valdez um 23.13 Uhr den 1:0-Siegtreffer erzielte, war dies gleichzeitig der späteste Treffer der Bundesliga-Geschichte.

34. Im Achtelfinale des DFB-Pokals 1977 traf der FC Bayern auf sein eigenes Amateur-Team. Die Profis (u. a. mit Franz Beckenbauer & Uli Hoeneß) zogen mit einem 5:3-Sieg ins Viertelfinale ein. Seit 2008 untersagt das Regelwerk solche Begegnungen.

35. Energie Cottbus freute sich 2000 über einen vermeintlichen Top-Transfer, als man glaubte, Adrian Ilie vom FC Valencia an der Angel zu haben. Tatsächlich verpflichtete man aber seinen Bruder und „Problemboy" Sabin. Der Irrtum endete ein Jahr später mit einer fristlosen Kündigung, nachdem Sabin mit über 2 Promille am Steuer seines Autos erwischt worden war.

36. **Schere, Stein, Papier!**
Weil in der englischen „Women's Super League" beim Spiel zwischen Manchester City und dem FC Reading der Schiedsrichter seine Münze in der Kabine vergessen hatte, ließ er die Spielerinnen die Platzwahl mit Schere, Stein, Papier entscheiden. Für die Aktion wurde er für 21 Tage suspendiert.

37. Die erste Bundesliga-Mannschaft, der es seit Beginn der Datenerfassung im Jahr 1993 gelungen ist, in 90 Minuten keinen einzigen Schuss aufs gegnerische Tor abzugeben, war Werder Bremen. Und zwar im Jahr 2014 auswärts bei den Bayern. Die Torschussbilanz lautete am Ende 19:0 für die Münchner.

38. Als 2016 Bayer Leverkusen-Trainer Roger Schmidt vom Schiedsrichter auf die Tribüne verbannt wurde, **weigerte sich dieser, das Spielfeld zu verlassen.** Das Spiel musste für neun Minuten unterbrochen werden.

39. In Runde 6 der Saison 2019/20 holten die 9 Heimmannschaften nur einen einzigen Punkt. Borussia Dortmund konnte mit einem 2:2 gegen Werder Bremen die Ehre der Heimteams gerade noch so retten.

40. Der 1. FC Nürnberg holte im Jahr 1968 seinen ersten und einzigen Meistertitel in der deutschen Bundesliga. Die Freude hielt jedoch nicht lange, denn in der nächsten Spielzeit landeten die Nürnberger auf einem Abstiegsplatz und mussten in die 2. Liga absteigen.

41. Der Spieler mit den meisten Niederlagen in der deutschen Bundesliga, heißt Bernard Dietz. Der ehemalige Spieler vom MSV Duisburg und Schalke 04 gewann zwar – sogar als Kapitän – mit Deutschland den EM-Titel 1980 in Italien und stand 1979 im UEFA-Cup Halbfinale, ist aber auch gleichzeitig der Spieler mit den

meisten Niederlagen im deutschen Oberhaus. In insgesamt 495 Spielen ging Dietz mit seinen Teams 221-mal als Verlierer vom Platz.

42. 2005 musste in Belgien das Spiel zwischen dem RSC Anderlecht und AA La Louviere wiederholt werden, da bei einem Treffer von Anderlecht der Ball während des Fluges geplatzt ist. Der Schiedsrichter wertete den Treffer als gültig. Das Spiel wurde später jedoch annulliert und musste neu ausgetragen werden.

43. Weil der polnische Papst Johannes Paul II. im Sterben lag, wurde 2005 die Begegnung zwischen Lech Posen und Pogon Stettin in der 38. Minute abgebrochen.

44. 2017 präsentierte Leicester City stolz seinen neuen 25-Millionen-Mann Adrien Silva von Sporting Lissabon. Pech nur, dass man die Transferunterlagen **14 Sekunden** zu spät bei der FIFA eingereicht hatte. Trotz aller Bitten um eine Ausnahmegenehmigung blieb die FIFA hart und erteilte Silva keine Spielberechtigung. Der Portugiese verpasste somit die komplette Hinrunde und durfte erst 2018 das erste Mal für seinen neuen Klub auflaufen.

45. Beim Spiel Schweiz gegen Frankreich bei der Europameisterschaft 2016 flogen die Fetzen. Genauer gesagt Fetzen aus den Trikots der Schweizer Mannschaft. Gleich sieben Trikots mussten die Schweizer tauschen. Ausrüster

Puma räumte später einen Produktionsfehler ein. Das Spiel ging unter dem Hashtag „**Trikotgate**" viral. Dass im selben Spiel dann auch noch der Adidas-Spielball „einen Platten" hatte, passte ins Bild...

46. Bei der Weltmeisterschaft 1950 hätte Gastgeber Brasilien im Finalspiel ein Unentschieden gegen Uruguay zum Titel gereicht, man verlor jedoch knapp mit 1:2. Die brasilianischen Fans waren schockiert, ein Fan beging sogar Selbstmord, indem er sich von der Tribüne stürzte. Drei weitere Anhänger starben an Herzanfällen.

47. Weil Ausrüster Adidas auf die Auswärtstrikots des HSV den falschen Brustsponsor druckte, konnten die Hamburger zu Beginn der Saison 2021/22 nur in den Heimtrikots auflaufen.

48. 1998 wechselte Kaiserslautern-Trainer Otto Rehhagel beim Spiel gegen den VfL Bochum den Nigerianer Pascal Ojigwe ein. Zu dieser Zeit durften pro Mannschaft nur drei Nicht-Europäer gleichzeitig auf dem Platz stehen. Nachdem Ojigwe eingewechselt war, bemerkte Rehagel, dass dieser jedoch bereits der vierte Nicht-Europäer auf dem Feld war. Der Trainer gab dem Spieler daraufhin zu verstehen, dass er eine Verletzung vortäuschen solle, und wechselte ihn dann wieder aus. Um einer Neuaustragung oder Strafverifizierung vorzubeugen, entschied man sich dann aber doch dazu, den Bochumern das Spiel zu überlassen, und verlor mit 2:3.

49. Während des Spiels zwischen Manchester United und Swansea City in der Saison 2014/15 verrichtete ein Vogel sein Geschäft über dem Spielfeld und traf dabei Manchester-Spieler Ashley Young genau in den Mund.

50. Bastian Schweinsteiger war in seiner Jugend ein sehr talentierter Skifahrer und entschied sich erst mit 13 Jahren für die Fußballkarriere.

51. Bei der EM 2016 war Bundestrainer Jogi Löw so in seinem Element, dass er sich vor laufenden Kameras die Hand in den Schritt steckte und dann an seinen Fingern roch. Ein anderes Mal wurde er dabei gefilmt, wie er sich in der Nase popelte und seinen Fund verspeiste.

52. Nach einem Spiel gegen den VfL Bochum in der Saison 1997/98 ärgerte sich Karlsruhe-Trainer Winnie Schäfer auf der Pressekonferenz nach dem Spiel über eine vermeidbare Niederlage, wurde dann aber von den Journalisten darauf aufmerksam gemacht, dass das Spiel unentschieden endete.

53. 2005 lieferte sich Duisburg-Trainer Norbert Meier ein Wortgefecht mit Köln-Spieler Albert Streit. Meier versetzte dem Spieler dabei einen Kopfstoß und ließ sich dann selber theatralisch zu Boden fallen. Meier wurde vom DFB suspendiert und von seinem Verein entlassen.

54. Lionel Messi überließ einer Moderatorin im ägyptischen Fernsehen seine Fußballschuhe, damit diese für einen guten Zweck versteigert werden konnten. Da Schuhe in der arabischen Welt aber als unrein gelten, empfanden dies viele Ägypter als Beleidigung und Messi wurde unter anderem von Politikern und dem ägyptischen Fußballverband – verbal – scharf attackiert.

55. 2018 sprach Stuttgart-Manager Michael Reschke vor laufenden Fernsehkameras dem Trainer Tayfun Korkut eine Jobgarantie aus. Nur um ihn einen Tag später doch zu feuern.

56. **Das Phantom-Tor von München:** Beim Spiel zwischen Bayern München und dem 1. FC Nürnberg 1994 kullerte der Ball nach einem Schuss von Bayern-Spieler Thomas Helmer am Nürnberger Tor vorbei. Zur allgemeinen Verwunderung signalisierte der Assistent dem Schiedsrichter allerdings ein Tor, dieser gab den Treffer auch. Das Spiel endete mit 2:1 für

Bayern, wurde dann aber vom DFB annulliert. Das Wiederholungsspiel entschieden die Bayern mit 5:0 für sich und Nürnberg musste in die zweite Liga absteigen.

57. 2017 wurde eine Statue von Cristiano Ronaldo in seiner Heimat Madeira aufgestellt. Das Gesicht sah jedoch so peinlich aus, dass es zum Internet-Meme wurde. Ein Jahr später wurde eine neue Statue aufgestellt. Der Künstler und dessen Familie waren lange Zeit Anfeindungen ausgesetzt.

58. Der italienische Nationalspieler Luciano Re Cecconi wurde 1977 in Rom erschossen, als er einen Juwelierladen betrat und scherzhaft „Überfall!" rief. Er hinterließ eine Frau und zwei Kinder.

59. Das offiziell gewählte Tor des Jahrhunderts in Deutschland erzielte Klaus Fischer 1977 im Länderspiel gegen die Schweiz.

60. Beim WM-Qualifikationsspiel zwischen der Schweiz und Litauen im Jahr 2021 fiel einem der Torhüter auf, **dass sein Tor zu hoch war.** Nachdem das Schiedsrichtergespann kurz vor Spielbeginn nachgemessen und festgestellt hatte, dass der Kasten tatsächlich um einige Zentimeter zu hoch war, musste das Tor ausgetauscht werden. Der Anpfiff verzögerte sich um 20 Minuten.

Kuriose Fast-Transfers

So mancher Verein ließ sich spätere Weltstars wegen vermeintlich kleiner Details durch die Lappen gehen! Andere Transfers scheiterten an äußerst kuriosen oder unglücklichen Umständen. Manche Spieler versuchten auch, einen Transfer zu erzwingen, indem sie ihren Arbeitgeber mit fragwürdigen Mitteln unter Druck setzten.

1. **Kevin De Bruyne zum BVB?** Als Mario Götze 2013 von Dortmund zum FC Bayern wechselte, war der damalige BVB-Trainer Jürgen Klopp auf der Suche nach einem Ersatz für ihn. Sein absoluter Wunschspieler war Kevin De Bruyne, welcher gerade von seiner Leihe bei Werder

Bremen zu seinem Stammverein, dem FC Chelsea, zurückgekehrt war. De Bruyne wollte nach Dortmund kommen, allerdings legte der damalige Chelsea-Trainer José Mourinho sein Veto ein. Der Belgier blieb daher in England, wurde aber nach lediglich drei Liga-Einsätzen ein halbes Jahr später für 22 Millionen Euro an den VfL Wolfsburg verkauft, was sich später noch als gutes Geschäft für die Wölfe erwies. 2015 verkaufte Wolfsburg Kevin De Bruyne für 76 Millionen Euro an Manchester City.

2. **Gareth Bale zum HSV?** 2008 wurde der damals 18-jährige Gareth Bale dem HSV angeboten. Den Hamburgern war jedoch die geforderte Ablösesumme von etwa 7 Millionen Euro zu hoch. Später gewann Bale mit Real Madrid die Champions League.

3. **Ronaldinho zum BVB?** 2005 wollte Dortmund den Brasilianer und späteren Weltfußballer Ronaldinho in den Ruhrpott holen. Man war bereit, die geforderten 5 Millionen Euro Ablöse zu bezahlen, allerdings scheiterte der Transfer am Spieler selbst. Der Sprung zu einem großen Verein wie Dortmund war ihm zu groß, erklärte er später. Kurz darauf wechselte er nach Frankreich zu Paris Saint-Germain.

4. **Vulkanausbruch verhindert Lewandowski-Transfer:** Bevor Lewandowski 2010 nach Dortmund wechselte, stand dieser kurz vor einem Transfer zu den Blackburn Rovers in England. Ein Flug nach Blackburn, um Gespräche zu führen, war bereits gebucht. Allerdings brach in Island der Vulkan „Eyjafjallajökull" aus. Die gigantische Rauchwolke legte den Flugverkehr über weiten Teilen Europas lahm. Der Transfer kam nicht zustande und Lewandowski wechselte für knapp 5 Millionen Euro von Lech Posen zum BVB.

5. **Serge Gnabry zu Schalke?** 2016 war Gnabry schon fast ein „Königsblauer". Nachdem Schalke Leroy Sane für 50 Millionen Euro an Manchester City verkauft hat, war eigentlich genug Geld für einen neuen Spieler da und es wurde u. a. Breel Embolo für 26 Millionen Euro vom FC Basel geholt. Es folgten noch weitere Spieler und am Ende konnte oder wollte man die geforderten 5 Millionen für Serge Gnabry nicht mehr aufbringen.

6. **Kaká zu Bayer Leverkusen?** Bayer Leverkusen wollte den Brasilianer 2002 nach Leverkusen holen. Man konnte sich mit dem FC Sao Paulo jedoch nicht über die Ablösesumme (gefordert wurden 8 Mio. €) einigen und Kaká wechselte ein Jahr später zum AC Mailand. Dort wurde er

später zum absoluten Topstar und gewann 2007 die Wahl zum Weltfußballer.

7. **Noch einmal Kaká.** Noch vor Leverkusen zeigte der FC Bayern Interesse am Brasilianer. Kaká sagte, er hatte für einen Werbespott bereits Lederhosen an und Schuhplatteln gelernt. Plötzlich verloren die Bayern jedoch das Interesse, da bereits alle Kaderplätze besetzt waren.

8. **Marcelo zum HSV?** 2006 führte der Hamburger SV Gespräche mit dem Brasilianer Marcelo und dessen Verein Fluminense Rio de Janeiro. Letztendlich war den Hamburgern jedoch die geforderte Ablöse von 6,5 Millionen Euro zu hoch. Marcelo wechselte ein Jahr später zu Real Madrid, wurde zu einem der besten Linksverteidiger der Welt und gewann mehrere Champions League-Titel.

9. **Zlatan Ibrahimovic zum FC Bayern?** Die Münchner wollten 2001 den damals 19-jährigen Ibrahimovic von Malmö FF an die Isar holen. Die Schweden verlangten 8 Millionen Euro Ablöse – zu viel für die Münchner. Ibrahimovic wechselte stattdessen zu Ajax Amsterdam und die Bayern holten Claudio Pizarro für 7,5 Mio. von Werder Bremen.

10. **Der kurioseste (Fast-)Transfer aller Zeiten!** Alfredo di Stefano galt als einer der größten Spieler seiner Zeit. Seine Karriere begann der Sohn italienischer Auswanderer in Südamerika. Bei einem Turnier 1952 in Spanien wurden

sowohl Real Madrid als auch der FC Barcelona auf das außergewöhnliche Talent aufmerksam. Beide Clubs setzten sofort alles daran, den Spieler zu verpflichten. Da die rechtliche Situation in Südamerika undurchsichtig war, kam es, dass Real und Barca Geld an verschiedene Vereine überwiesen. Barcelona war jedoch schneller und so wechselte di Stefano zunächst nach Katalonien und absolvierte bereits ein Testspiel in Blau-Rot. Real schaltete daraufhin den spanischen Verband ein, welcher – wohl auch politisch motiviert – zu einer sehr kuriosen Entscheidung kam: Alfredo sollte zunächst zwei Jahre für Real, dann zwei Jahre für Barcelona spielen. Für die Katalanen eine untragbare Lösung – man verzichtete freiwillig und Real zahlte eine Entschädigung an die „Blaugrana". Später stellte sich heraus, dass der spanische Verband falsch entschieden hatte und nur der Vertrag zwischen di Stefano und Barcelona Gültigkeit gehabt hätte. Dieser Transferstreit ist bis heute ein Teil der tiefen Rivalität der beiden Clubs.

11. **Petr Cech zu Werder Bremen?** Der tschechische Torhüter absolvierte 2001 ein Probetraining bei Werder Bremen und konnte dabei durchaus überzeugen. Allerdings war den Bremern die geforderte Ablöse von 600.000 Euro zu hoch. Cech wurde später zu einem der besten Torhüter aller Zeiten und spielte u. a. bei Chelsea und Arsenal.

12. **Esteban Cambiasso zum 1. FC Kaiserslautern?** 2003 wollten die Pfälzer den Argentinier an den Betzenberg holen. Cambiasso entschied sich schlussendlich aber gegen einen Wechsel. 2010 wurde er mit Inter Mailand Champions League Sieger, als man im Finale den FC Bayern München mit 2:0 besiegte.

13. **Pelé zu Hannover 96?** Schon etwas länger her, aber durchaus erwähnenswert: 1964 wurden die Hannoveraner bei der Suche nach einer Verstärkung auf den damals noch eher unbekannten Pelé aufmerksam. Ein Wechsel scheiterte jedoch am brasilianischen Staat, der einen Transfer nach Europa untersagte. Pelé gilt bis heute als einer der besten Spieler aller Zeiten.

14. **Eric Maxim Choupo-Moting zum 1. FC Köln?** Am Deadline Day 2011 stand der Deutsch-Kameruner kurz vor einem Wechsel vom HSV an den Rhein. Wegen eines Defekts an Choupo-Motings-Faxgerät trafen die Unterlagen mit der Unterschrift des Spielers erst um 18:12 Uhr bei der DHL ein – 12 Minuten zu spät. Der Wechsel scheiterte und Choupo-Moting musste in Hamburg bleiben, wurde dort aber nicht mehr eingesetzt.

15. **Alexandre Pato zur Hertha?** 2006 verhandelten die Berliner mit dem damals 16-jährigen Brasilianer über einen Transfer. Man war sich eigentlich schon einig, im letzten Moment platzte der Transfer aber doch noch, da dem Manager Dieter Hoeneß die Ablösesumme

von 3,5 Millionen Euro zu hoch war. Ein Jahr später wechselte Pato dann vom SC Internacional (Brasilien) zum AC Mailand für stolze 24 Millionen Euro.

16. **Kleider machen Leute – manchmal verhindern sie aber auch einen Transfer:** Jürgen Klopp wollte Sadio Mane, der damals noch in Salzburg spielte, nach Dortmund holen. Bei einem Treffen erschien Mane wie ein Rapper gekleidet und hinterließ keinen guten Eindruck. Der Transfer zerschlug sich. Später sollten sich die Wege der beiden aber doch noch kreuzen, als Mane zu Klopp nach Liverpool wechselte. Klopp meinte später, dass er sich damals in dem jungen Senegalesen getäuscht habe.

17. **Fernando Morientes zu Schalke 04?** 2003 wollte Schalke Morientes von Real Madrid verpflichten. Die Vereine einigten sich auf 10 Millionen Euro Ablösesumme, das geforderte Jahresgehalt von 2,6 Millionen netto war den Königsblauen jedoch zu hoch. Morientes wechselte per Leihe zum AS Monaco und Schalke holte Stürmer Edi Glieder aus Österreich – dessen magere Torausbeute: 2 Tore in 17 Pflichtspielen.

18. **Um einen Wechsel zu Panathinaikos Athen zu erzwingen,** kam im Jahr 2021 der Kameruner Didier Lamkel Zé vom belgischen Klub Royal Antwerpen im Trikot des Lokalrivalen RSC Anderlecht zum Training. Sicherheitsleute blockierten allerdings den Zugang und ließen den Afrikaner nicht auf das

Trainingsgelände. Der Spieler ließ nicht locker und postete wenig später Bilder von jubelnden Panathinaikos-Fans auf Instagram. Der Verein war davon wenig beeindruckt und Didier Lamkel Zé musste in Antwerpen bleiben.

19. **Pavel Nedved zum MSV Duisburg?** 1996 wollten die Duisburger den damals 23-jährigen Nedved verpflichten. Man befand sich bereits in Verhandlungen, mit der Unterschrift wollte Nedved jedoch bis nach der Europameisterschaft warten. Bei dem Turnier spielte der Tscheche groß auf, woraufhin namhafte Vereine anklopften. Schließlich machte Lazio Rom das Rennen. Nedved sollte es später bis zum Weltfußballer schaffen.

20. **Philipp Lahm zu Arminia Bielefeld?** Bevor er seine große Karriere startete und zu einem der besten Außenverteidigern der Welt wurde, wurde Lahm 2002 zu einem Probetraining nach Bielefeld eingeladen. Dort konnte er zwar überzeugen, allerdings war er den Verantwortlichen zu klein, weshalb man von einer Verpflichtung Abstand nahm.

21. **Michel Platini zum 1. FC Saarbrücken?** Schon etwas länger her ist der Beinahe-Transfer des Franzosen zum 1. FC Saarbrücken. 1976 trainierte Platini im Saarland zur Probe. Der damalige Trainer Slobodan Cendic befand den Spielmacher jedoch für zu schmächtig, weshalb der Wechsel nicht zustande kam. Platini wurde später mehrfach zum Weltfußballer gewählt.

22. **Ein echtes Schnäppchen?** Bevor Shinji Kagawa 2010 zu Borussia Dortmund wechselte, wurde dieser dem 1. FC Köln angeboten. Die Domstädter zeigten jedoch kein Interesse und so wechselte der Japaner für schlappe 350.000 € nach Dortmund. 2 Jahre später verkaufte man ihn dann für 16 Millionen Euro an Manchester United weiter.

Rekorde

Hier findest du unglaubliche Bestmarken und heroische Leistungen! Aber auch so manchen Rekord auf den man wohl lieber verzichtet hätte...

1. Die weltweit höchste offizielle Zuschauerzahl bei einem Fußballspiel stammt aus dem Jahr 1954. Beim Spiel Brasilien gegen Paraguay im „Maracanã" Stadion in Rio de Janeiro waren 183.514 Fans anwesend. Heute finden in dem Stadion nur noch maximal 79.000 Zuschauer Platz.

2. Der Zuschauerrekord auf europäischem Boden stammt noch aus dem Jahr 1937. In Glasgow kamen beim Länderspiel zwischen Schottland und England 149.547 Fans ins Stadion.

3. Der erste offizielle Weltfußballer des Jahres war Lothar Matthäus im Jahr 1991. Bis heute ist er der einzige Deutsche, dem diese Auszeichnung verliehen wurde.

4. Der höchste Sieg von Deutschland in einer EM-Qualifikation stammt aus dem Jahr 2006. Damals wurde San Marino mit 13:0 besiegt. Viermaliger Torschütze war Lukas Podolski.

5. Der häufigste Fußball-Vereinsname der Welt ist „**Dynamo**".

6. Das längste Elfmeterschießen fand 1975 in Argentinien statt. Es endete mit 20:19 für die Argentinos Juniors.

7. Das größte Fußballstadion in Europa ist das Camp Nou in Barcelona. Es hat ein Fassungsvermögen von **99.354 Zuschauern**.

8. Das größte Stadion in Deutschland ist der Signal Iduna Park in Dortmund. Bei nationalen Spielen finden hier 81.365 Fans Platz.

9. Zwischen 2004 und 2011 verlor José Mourinho mit seinen Teams in der Liga kein einziges Heimspiel.

10. Der **erste Fußballverein** der Welt war der FC Sheffield. Der Club wurde 1857 von Mitgliedern eines Cricket-Vereins gegründet.

11. 1888 wurde dann auch der erste Fußballverein in Deutschland gegründet, der BFC Germania aus Berlin.

12. Mit 42 Jahren und 39 Tagen ist Roger Milla aus Kamerun der älteste Spieler, der je bei einer Weltmeisterschaft ein Tor erzielt hat.

13. Der **erste deutsche Meister** war 1903 der VfB Leipzig. Im Finalspiel wurde der DFC Prag bezwungen.

14. **149 Eigentore in einem Spiel** – ja, das ist wirklich passiert! 2002 fand das Spiel AS Adema gegen SOE Antananarivo in Madagaskars höchster Spielklasse statt. Da sich das Team und der Trainer von Antananarivo vom Schiedsrichter ungerecht behandelt fühlten, griff man aus Protest zu drastischen Mitteln und beförderte den Ball im Schnitt alle 40 Sekunden ins eigene Tor. Der Trainer und einige Spieler fassten für die Aktion lange Sperren aus und wurden teilweise sogar mit Stadionverboten belegt.

15. 885 Minuten – so lange blieb Timo Hildebrand 2003/2004 als Torhüter des Vfb Stuttgart ohne Gegentor. Bis heute Rekord in der Bundesliga für die **längste Torsperre**.

16. Die meisten Spiele in der deutschen Bundesliga bestritt Karl-Heinz Körbel von Eintracht Frankfurt. Insgesamt stand er 602-mal auf dem Feld.

17. 24:30 Stunden – so lange hielt der Ukrainer Nikolai Kutsenko dann Ball mit Kopf und Fuß in der Luft.

18. Das schnellste Tor bei einer WM-Endrunde gelang 2002 dem Türken Hakan Sükür. Beim Spiel um Platz 3 gegen Gastgeber Südkorea traf Sükür bereits nach 15 Sekunden zum 1:0 und hatte so maßgeblichen Anteil am 3:2-Sieg seiner Mannschaft.

19. 25 Spiele hat Lothar Matthäus bei Weltmeisterschaften bestritten, so viele wie kein anderer Deutscher. Auch bei Länderspielen hat er die Nase vorne, mit 150 Spielen für die DFB-Auswahl.

20. Die meisten Tore für die deutsche Nationalmannschaft hat Miroslav Klose erzielt. In 137 Spielen traf er 71-mal und damit 3-mal öfter als Gerd Müller. Müller benötigte dafür allerdings nur 62 Spiele.

21. Der höchste Sieg in einem WM-Halbfinale gelang Deutschland. Bei der Weltmeisterschaft 2014 wurde Gastgeber Brasilien mit 7:1 vom Platz gefegt.

22. **16 Jahre und 28 Tage** – so alt war Youssoufa Moukoko im Jahr 2020 bei seinem ersten Profi-Tor für Borussia Dortmund! Er ist damit der jüngste Bundesliga-Torschütze aller Zeiten.

23. 2009 feierte Mauricio Baldivieso sein Profi-Debüt in Bolivien. Er war damals gerade einmal **12 Jahre alt** und damit so jung wie noch kein anderer Spieler vor ihm weltweit! Für die große Karriere hat es aber trotzdem nicht gereicht. 2018 beendete er seine Laufbahn mit gerade einmal 21 Jahren.

24. Die längste Serie ohne Niederlage in der Bundesliga schaffte Borussia Dortmund in der Saison 2011/12. Die Dortmunder blieben unglaubliche 28 Spiele lang ungeschlagen!

25. Mario Basler hat es in seiner Karriere gleich 3-mal geschafft, eine Ecke direkt zu verwandeln.

26. **Dauerbrenner Sepp Maier!** Die „Katze von Anzing" stand 442 Spiele am Stück im Tor der Bayern, ohne eine einzige Partie zu verpassen. Bundesliga-Rekord!

27. Für den höchsten Sieg in der Geschichte der deutschen Bundesliga ist Borussia Mönchengladbach verantwortlich. In der Saison 1977/78 besiegte man Borussia Dortmund mit 12:0. Auch der zweithöchste Sieg geht auf das Konto der Fohlen – 1967 wurde Schalke mit 11:0 vom Platz gefegt.

28. Den Rekord für den härtesten Schuss hält der Brasilianer und ehemalige Hertha BSC-Spieler Ronny Heberson Furtado de Araújo. Bei einem Freistoß im Trikot von Sporting Lissabon erreichte er eine Geschwindigkeit von **210,9 km/h**.

29. 22 Jahre war der Franzose Arsene Wenger als Trainer von Arsenal London tätig. So lange wie kein anderer vor oder nach ihm in der englischen Premier League. 3-mal gewann Arsenal unter Wenger den Meistertitel, 7-mal den FA-Cup.

30. Meister mit Respektabstand! In der Saison 2012/13 wurde der FC Bayern mit **25 Punkten Vorsprung** vor Borussia Dortmund deutscher Meister.

31. 5 Elfmeter in einem Spiel! Dieses Kuriosum gab es 1965 beim Spiel Borussia Mönchengladbach gegen Borussia Dortmund. Der Endstand lautete 4:5 für Dortmund.

32. **Rekord für die größte Titel-Aufholjagd**: In der Saison 2008/09 lag der VfL Wolfsburg zur Winterpause auf Platz 9 und hatte 11 Punkte Rückstand auf Platz 1. In der Rückrunde gelang den Wölfen eine unglaubliche Aufholjagd und am Ende krönte man sich zum Meister.

33. 213 Spiele absolvierte Diego Klimowicz zwischen 2001 und 2010 in der deutschen Bundesliga und flog dabei 4mal mit rot vom Platz. Der Schiedsrichter hieß dabei jedes Mal Lutz Wagner.

34. Das aktuell **größte Fußballstadion der Welt** ist das „1. Mai Stadion" in Nordkorea mit einer Kapazität von 114.000 Plätzen. Der Name leitet sich vom Kampftag der Arbeiterbewegung ab. Bei einer Wrestling-Veranstaltung sollen einmal bis zu 190.000 Zuschauer im Stadion gewesen sein.

35. Werder Bremen Spieler „Ailton" war im Jahr 2004 der erste Ausländer, der die Wahl zu Deutschlands Spieler des Jahres gewonnen hat.

36. Das längste Fußballspiel der Geschichte dauerte ganze 35 Stunden und endete mit einem **Ergebnis von 333:293**. Es handelte sich um ein Benefizspiel zwischen Cotswold All Stars und dem FC Cambray im Jahr 2010. Das Spiel hätte sogar noch länger gedauert, allerdings musste es wegen Dauerregens vorzeitig abgebrochen werden. Immerhin wurden dabei 35.000 Euro für den Bau einer Schule in Indien gesammelt. Respekt!

37. Den Rekord für den schnellsten Bundesliga-Hattrick hält Michael Tönnies. Er traf innerhalb von 5 Minuten in den Kasten des Karlsruher SC. Im Tor stand damals – man glaubt es kaum – niemand geringerer als Oliver Kahn.

38. **91 Tore in einem Kalenderjahr** – so oft traf Lionel Messi 2012 in Pflichtspielen für den FC Barcelona und die argentinische National-mannschaft. Das schaffte vor oder nach ihm kein anderer Spieler in einer europäischen Topliga.

39. Den deutschen Rekord für die meisten erzielten Tore in einer Saison hält der FC Bayern. In der Saison 1971/72 erzielten die Bayern unglaubliche **101 Tore in 34 Spielen.**

40. Jüngster Rekord-Torschütze in der Champions League: Erling Haaland – damals im Trikot von Red Bull Salzburg – erzielte als 19-Jähriger in seinen ersten 3 Champions League-Einsätzen 6 Tore. Das gelang vor ihm noch keinem anderen Spieler! Kurz danach wechselte Haaland zum BVB nach Dortmund. Mit 18 Jahren sicherte sich

der Norweger bereits einen anderen Rekord: Bei der U20-Weltmeisterschaft 2019 in Polen erzielte Haaland 9 (!) Treffer in nur einem Spiel.

41. 8-mal gewannen Oliver Kahn und Mehmet Scholl mit den Bayern die deutsche Meisterschaft. So oft wie kein anderer Spieler.

42. Der Zuschauer-Minusrekord in der ersten Bundesliga stammt aus dem Jahr 1966. Das Spiel zwischen Tasmania Berlin und Borussia Mönchengladbach lockte nur 827 Fans ins Stadion.

43. Tasmania Berlin hält auch noch einen weiteren Negativrekord. In der ewigen Bundesliga-Tabelle liegen die Berliner abgeschlagen mit 10 Punkten am 56. und damit letzten Tabellenplatz. Am drittletzten Platz liegt mit Blau-Weiß 90 ebenfalls ein Club aus der Hauptstadt.

44. In der Saison 2013/14 gelang den Bayern als erster deutscher Mannschaft das sogenannte „Triple". Die Münchner gewannen Meisterschaft, Pokal und Champions League.

45. Ron-Robert Zieler war der erste Torhüter, der nach 104 Jahren (oder 864 Spielen) deutscher Länderspiel-Geschichte die rote Karte sah. Ähnlich lange dauerte es, bis ein deutscher Spieler gleich bei seinem Debüt im Nationaltrikot glatt rot sah. 2009 traf es Jerome Boateng nach 100 Jahren Historie.

46. Die dritte Liga in Rumänien erhält erwartungs-

gemäß nicht besonders viel Aufmerksamkeit. Das änderte sich jedoch in der Saison 1983/84. In der Endtabelle lagen zwischen Platz 2 und Platz 16 lediglich 3 Punkte, was bis heute als das ausgeglichenste Endergebnis der Geschichte gilt.

47. Die Südtribüne (oder auch „gelbe Wand") in Dortmund ist mit einem Fassungsvermögen von 25.000 Zuschauern die **größte Stehplatz-tribüne der Welt.**

48. **Die spektakulärste Aufholjagd der Bundesliga-Historie:** Im Jahr 1976 lagen die Bayern zur Pause bereits 0:4 gegen den VfL Bochum hinten, drehten das Spiel aber noch und gewannen am Ende mit 6:5. Eine andere denkwürde Aufholjagd gelang den Schalkern im Revierderby 2017 gegen den BVB. Auch hier lautete der Pausenstand 0:4. In der zweiten Hälfte spielten die Schalker groß auf und erzielten ein Tor nach dem anderen, Dortmund musste außerdem ab der 72. Minute mit einem Mann weniger auskommen. In der vierten Minute der Nachspielzeit gelang den Königsblauen der vielumjubelte 4:4-Ausgleich! Das waren bisher die einzigen Spiele in der Bundesliga, bei denen ein 0:4-Rückstand aufgeholt werden konnte.

49. Dem 1. FC Kaiserslautern gelang in der Saison 1997/98 die Sensation, als Aufsteiger deutscher Meister zu werden. Die roten Teufel sind der erste und bisher einzige Verein, dem dies gelungen war. Es war der vierte Meistertitel in der Vereinsgeschichte der Lauterer.

50. Frankfurts Georgios Tzavellas traf 2011 aus 73 Metern Entfernung ins Schalker Gehäuse und stellte damit einen neuen Bundesliga-Rekord auf.

Rituale, Allüren, Ticks & Aberglaube

Im Fußball – so scheint es zumindest – sind manchmal übernatürliche Kräfte im Spiel. Das veranlasst so manchen abergläubischen Spieler zu witzigen Angewohnheiten bis hin zu zwanghaften Ticks. Manchmal gehen diese auch etwas zu weit...

1. **Die Macht der Sternzeichen!** Der frühere Teamchef von Frankreich Raymond Domenech war dafür bekannt, dass er sich bei der Auswahl seiner Spieler von den Sternen beeinflussen ließ. So stellte er zum Beispiel gerne Spieler mit dem Sternzeichen Krebs auf, während er auf Skorpione lieber verzichtete, da diese als nicht mannschaftsdienlich gelten. Auch bei Löwen in der Abwehr hatte er Bedenken, da diese dazu

neigen, Dummheiten zu begehen. Laut Gerüchten mussten bei der Weltmeisterschaft 2006 manche Spieler nur aus dem Grund zu Hause bleiben, weil ihr Sternzeichen nicht ins Mannschaftsgefüge passte.

2. Bei der Weltmeisterschaft 1998 in Frankreich küsste der französische Libero Laurent Blanc vor jedem Spiel aus Aberglauben die Glatze seines Goalies Fabien Barthez. Frankreich wurde mit nur 2 Gegentreffern Weltmeister.

3. Der Brasilianer und ehemalige Leverkusen- und Bayern-Spieler „Jorginho", überreichte bei Spielen, in denen er Kapitän war, beim üblichen Wimpel-Tausch oft auch eine Bibel.

4. Die englische Fußball-Legende Gary Lineker war dafür bekannt, dass er beim Aufwärmen nie auf das Tor schoss, da er sich Treffer für das Spiel aufsparen wollte. Wenn er in der ersten Halbzeit noch keinen Treffer erzielt hatte, wechselte er in der Pause das Trikot.

5. Der Racing Club Avellaneda aus Argentinien holte bis 1967 13-mal die Meisterschaft und gewann dann auch den Weltpokal gegen Celtic Glasgow. Während die Fans den größten Erfolg der Vereinsgeschichte feierten, brachen Fans des verhassten Lokalrivalen „CA Independiente" ins Stadion von Racing ein und **vergruben dort 7 schwarze Katzen**. Dies sollte das Stadion mit einem Fluch belegen. Für Racing war das der Beginn einer ewigen Durststrecke. 35 Jahre lang konnte der Club keinen Titel mehr gewinnen

und stand 1999 sogar kurz vor dem Bankrott. Über die Jahre wurden bei Suchaktionen immer wieder Kadaver gefunden, der letzte blieb jedoch verschollen – bis man 2001 noch einmal alles auf eine Karte setzte und sogar Flächen, die nach 1967 betoniert wurden, wieder aufreißen ließ. Man fand tatsächlich die Überreste der letzten Katze. Noch im selben Jahr wurde Racing das erste Mal wieder Meister!

6. Mario Gomez spielte aus Aberglauben mindestens 16 Jahre lang mit denselben Schienbeinschonern.

7. Der ehemalige kolumbianische National-Torhüter Rene Higuita spielte auf Anraten seiner Wahrsagerin stets mit einer blauen Unterhose.

8. **Cristiano Ronaldo** hat gleich eine ganze Reihe von Ticks. So sitzt er bei Reisen zu Auswärtsspielen im Bus stets in der letzten Reihe, im Flieger jedoch immer in der ersten. Den Fußballplatz betritt er immer zuerst mit dem rechten Fuß. Außerdem weiß er bei jedem Spiel, wo seine Familie sitzt, damit er ihnen nach Toren zujubeln kann.

9. Der ehemalige Bayern-Stürmer Carsten Jancker küsste nach einem Torerfolg immer seinen Ehering, um sich für die Liebe seiner Frau zu bedanken.

10. Wegen extremer Flugangst ließ der ehemalige Starspieler Dennis Bergkamp in seinen Verträgen stets eine Klausel verankern, die ihn von Flügen freistellt.

11. Der ivorische Nationalspieler Kolo Touré hatte die Angewohnheit, den Platz immer als letzter Spieler seines Teams zu betreten. Als er 2009 mit Arsenal in der Champions League gegen den AS Rom spielte, wurde in der Halbzeit sein Mitspieler William Gallas noch medizinisch behandelt, als der Schiedsrichter die Partie bereits wieder angepfiffen hatte. **Touré weigerte sich, den Platz zu betreten**, so standen bei Arsenal zu Beginn zwei Mann weniger auf dem Feld. Als Gallas endlich wieder am Rasen war, betrat auch Touré das Feld, kassierte dafür aber die gelbe Karte. Arsenal gewann am Ende aber dennoch mit 1:0.

12. Torhüter Roman Bürki (u. a. Dortmund und Freiburg) kaut beim Aufwärmen immer einen Kaugummi, den er sich kurz vor Anpfiff ins eigene Tor kickt. Das soll symbolisch dafür stehen, dass dies heute das Einzige bleibt, was über die Linie geht.

13. Der ehemalige Weltfußballer Luis Figo soll einmal absichtlich eine schwarze Katze überfahren haben, die gerade die Straße überqucren wollte. Er wollte damit eine mögliche Pechsträhne abwenden. Tierschützer hängten daraufhin Protestplakate am Trainingsgelände von Inter Mailand auf.

14. Als Bedingung für einen Transfer zum Club Al-Jazira forderte der ehemalige Arsenal- und Roma-Spieler Gervinho einen eigenen Helikopter, privaten Strand und eine Villa. Verständlich, dass der Verein von einem Wechsel dann doch Abstand nahm.

15. Karim Benzema ließ sich einen mit 72.000 Diamanten überzogenen Fußball im Wert von ungefähr 250.000 € anfertigen.

16. Als Brasilien 1950 das Finale bei der Heim-WM gegen Uruguay verlor, saß der Schock so tief, dass man beschloss, nie wieder in weißen Trikots aufzulaufen. Seitdem spielten die Brasilianer in den allseits bekannten gelbgrünen Trikots. Erst bei der Copa America 2019 konnte man die Seleção zum ersten Mal wieder in weißen Trikots bewundern.

17. Bastian Schweinsteiger spielte immer mit nassen & dünnen Socken, da er so ein besseres Ballgefühl hatte. Sein Ausrüster Adidas entwickelte sogar speziell für ihn dünne Stutzen.

18.Auch Marc-André ter Stegen mag es gerne nass. Der Torhüter durchnässt vor jedem Spiel seine Handschuhe, damit sie perfekt sitzen. Er verwendet die Handschuhe auch immer nur für ein Spiel, da neue Handschuhe den besten Grip haben.

19. Weil ihn das Summen mechanischer Geräte beruhigt, schläft Wayne Rooney gerne bei laufendem Staubsauger oder Fön ein. Gerüchten zufolge ging deswegen bereits eine Beziehung in die Brüche.

20. Hast du dich schonmal gefragt, warum Mario Gomez bei Länderspielen nie die deutsche Hymne mitgesungen hat? Als er für die U-15 Nationalmannschaft auflief und bei der Hymne stumm geblieben ist, hat er danach ein Tor erzielt. Seitdem hat er die Hymne nicht mehr mitgesungen.

21. Manuel Neuer berührt vor jedem Spiel beide Pfosten und die Latte seines Tores und betritt beim Aufwärmen immer als Erster das Spielfeld.

22. Wenn Marco Reus das Spielfeld betritt, hüpft er dreimal auf seinem linken Bein und sprintet dann aufs Feld.

Vereine und ihre Spitznamen

Hast du dich schon einmal gefragt, wie die Spitznamen von manchen Clubs entstanden sind? Wir haben die Antwort!

1. Der Spitzname von Borussia Mönchengladbach, „**die Fohlen**", stammt aus den 1970er Jahren, als die Gladbacher mit oft sehr jungen Spielern und unbekümmertem Konter-Fußball an wilde Fohlen erinnerten.

2. 1950 wurde dem 1. FC Köln von einer Zirkusdirektorin ein Geißbock als Glücksbringer geschenkt. Die Kölner benannten das Tier nach Spielertrainer „Hennes" Weisweiler. Der Geißbock war fortan bei allen Heimspielen im Stadion und wurde so zum festen Bestandteil der Kölner. So entstand der Spitzname „**die Geißböcke**". Später wurde das Tier sogar ins Vereinswappen aufgenommen.

3. Hertha – **die alte Dame**. Die Idee, den Hauptstadtclub „Hertha" zu nennen, stammte von Vereinsgründer Fritz Lindner, welcher kurz zuvor auf einem Dampfer mit diesem Namen fuhr. Da Hertha nach einer älteren Frau klingt, entstand auch der Spitzname „die alte Dame".

4. Die Bayern erhielten ihren Spitznamen „**FC Hollywood**" von der Presse, da ihre Spieler stark polarisierten und teilweise primadonnenhaftes Verhalten an den Tag legten. Von Real Madrid-Fans werden die Bayern auch als „**La bestia negra**" bezeichnet, was wörtlich übersetzt „Die schwarze Bestie" bedeutet. In Spanien wird der Begriff auch als Synonym für einen Angstgegner verwendet.

5. „**Die Knappen**". In Gelsenkirchen lebten früher viele Menschen vom Bergbau. Auch die meisten Spieler kamen aus der Region. Das 1927 errichtete Glückauf-Kampfbahn-Stadion wurde nach dem Gruß der Bergleute benannt und der FC Schalke erhielt den Spitznamen „die Knappen".

6. Der FC Ingolstadt trägt den Spitznamen „**die Schanzer**". Ingolstadt war früher eine bayerische Landesfestung, welche man „Schanz" nannte, da sie von sogenannten Schanzern erbaut wurde. Dieser Name ist den Ingolstädtern bis heute geblieben und auch der Verein übernahm den Spitznamen. Der Schriftzug „Schanzer" ziert sogar das Vereins-wappen.

7. MSV Duisburg – **Die Zebras**: Die Duisburger erhielten ihren Spitznamen wegen ihrer blauweiß gestreiften Trikots. Als es noch kein Farbfernsehen gab, sahen die Streifen im TV außerdem schwarz-weiß aus.

8. Die „**Roten Teufel**" aus Kaiserslautern. Woher die Lauterer ihren Spitznamen haben, ist nicht restlos geklärt. Vor 1950 wurde der Club oft als „Waltermannschaft" bezeichnet, in Anlehnung an Fritz Walter. Nach dessen Karriereende wurde der Name „Rote Teufel" immer häufiger von der Presse verwendet und auch die Fans fanden Gefallen daran. Später wurde der rote Teufel zum Vereinsmaskottchen.

9. „**Die Lilien**" aus Darmstadt. Die Lilie ziert das Stadtwappen und auch das Vereinswappen von Darmstadt 98. Naheliegend also, dass der Club als „die Lilien" bezeichnet wird.

10. Bayer Leverkusen wird auch als „**Werkself**" bezeichnet. Der Name stammt aus den 1970er Jahren und weist auf die enge Verbindung zwischen dem Club & seinem Geld- und Namensgeber Bayer hin.

11. „**Die Adler**" aus Frankfurt – da der Adler sowohl das Wappen der Stadt sowie das Wappen von Eintracht Frankfurt ziert, liegt die Bezeichnung „die Adler" nahe.

Skurrile Verletzungen

Es gibt nichts, was es nicht gibt... Bei manchen Verletzungen war einfach Pech im Spiel, bei anderen fragt man sich, was sich der Spieler bloß dabei gedacht hat. Geschichten, die nur der Fußball schreibt!

1. Mario Gomez musste bei einem Spiel für den VFB Stuttgart verletzungsbedingt ausgewechselt werden. Vor lauter Ärger über die Verletzung schlug er auf einen Medizinkoffer und brach sich dabei auch noch die Hand.

2. Der Schweizer Fußballer Paulo Diogo blieb 2004 beim Torjubel mit seinem Ehering am Zaun

hängen und riss sich dabei einen Teil des Fingers ab. Wegen übertriebenem Torjubel zeigte ihm der Schiedstrichter dafür auch noch die gelbe Karte.

3. Als Darius Vassell vom englischen Verein Aston Villa eine Blutblase unter seinem Zehennagel entdeckte, wollte er diese mit einer Bohrmaschine aufbohren. Er bohrte sich allerdings durch den kompletten Zeh und zog sich dabei eine Blutvergiftung zu.

4. Svein Grøndalen von Rosenborg Trondheim stieß beim Joggen mit einem Elch zusammen. Er musste pausieren und verpasste ein Länderspiel mit dem norwegischen Nationalteam.

5. Adam Nemec vom 1. FC Kaiserslautern fiel in seinem eigenen Garten von einem Baum und zog sich eine Gehirnerschütterung und mehrere Brüche zu. Er musste einige Monate pausieren.

6. Charles Akonnor vom VFL Wolfsburg rammte sich seine Autoantenne in die Nase. Da die Verletzung nicht aufhörte zu bluten, nahm er ein blutstillendes Mittel. Das Medikament stand allerdings auf der Dopingliste und Charles musste 3 Spiele pausieren.

7. FC Bayern Spieler Javier Martínez brach sich 2017 beim Wandern in seiner spanischen Heimat das Schlüsselbein und verpasste so die beiden letzten Spiele der Saison.

8. Volkan Demirel von Fenerbahce Istanbul warf nach einem Spiel sein Trikot ins Publikum und kegelte sich dabei die Schulter aus.

9. Torhüter Markus Pröll von Eintracht Frankfurt, stolperte bei der Flucht vor Autogrammjägern über ein kleines Mädchen und brach sich dabei die Schulter.

10. Der Brasilianer „Ramalho" schluckte ein schmerzstillendes Rektal-Zäpfchen und musste wegen Magenproblemen eine Woche pausieren.

11. Zwar schon etwas länger her, aber auch besonders kurios: Beim Revierderby zwischen Schalke und Dortmund im Jahr 1969, wurde Friedel Rausch beim Torjubel von einem vermeintlichen Wachhund **in den Allerwertesten gebissen**. Die Narbe begleitete ihn sein restliches Leben. Später stellte sich heraus, dass der Hund gar nicht vom Wachdienst war, sondern von einem Fan, der sich den Hund ausgeliehen hatte, um sich damit am Einlass als Ordner auszugeben. Er wollte sich so den Eintrittspreis sparen.

12. Marco Asensio von Real Madrid hat sich beim Rasieren seiner Beine einen Pickel zugezogen, welcher so sehr schmerzte, dass er ein Spiel pausieren musste.

13. Am ersten Spieltag der Saison 2017/18 riss sich Nicolai Müller vom HSV beim Torjubel das Kreuzband und musste mehrere Monate pausieren.

14. Weil der kleingewachsene Aston Villa-Spieler Alan Wright zum Durchdrücken des Gaspedals in seinem Ferrari den Fuß immer stark überdehnen musste, zog er sich eine chronische Entzündung im Knie zu.

15. Bei seinem ersten Spiel für Hannover 96 zog sich Neuzugang „Carlitos" bereits **nach 30 Sekunden einen Kreuzbandriss** zu und musste mehrere Monate pausieren.

16. Der Däne Leon Andreasen von Hannover 96 verletzte sich beim Öffnen eines Paketes so schwer an der Hand, dass eine Notoperation notwendig war. Er verpasste die Play-Off-Spiele für die Europameisterschaft 2016.

17. Bei der Weltmeisterschaft 1930 in Uruguay rannte der Teamarzt der US-Amerikaner aufs Spielfeld, um einen Spieler zu behandeln. Dabei lief in seiner Tasche eine Flasche Chloroform aus. Der Betreuer atmete die Dämpfe so tief ein, dass er ohnmächtig wurde und vom Spielfeld getragen werden musste.

18. 1975 renkte sich Manchester United-Torhüter Alex Stepney das Unterkiefer aus, als er einen Mitspieler beschimpfte.

19. In einem Zweikampf im WM-Halbfinale 1970 gegen Italien brach sich Franz Beckenbauer in der 65. Minute das Schlüsselbein und kegelte sich die Schulter aus. Da Deutschland sein Wechselkontingent bereits erschöpft hatte, ließ sich „der Kaiser" den Arm kurzerhand an den Körper binden und spielte weiter – da es nach 90 Minuten noch keinen Sieger gab, musste Beckenbauer bis zur 120. Minute durchhalten. Eine heroische Leistung, der sogar englische Medien Respekt zollten. Leider wurde dies nicht belohnt und Deutschland musste sich am Ende mit 4:3 geschlagen geben.

20. FC Brentford-Goalie Charles Brodie musste 1970 seine Karriere beenden, nachdem ihn ein aufs Spielfeld gelaufener Hund schwer verletzt hatte.

21. Franz Michelberger vom FC Bayern wurde während eines Trainingslagers in Israel von einem Kamel gegen den Mannschaftsbus gedrückt und zog sich dabei eine Knieprellung zu.

22. Jari Litmanen wurde bei einer Vereinsfeier vom eigenen Sportchef ein Sektkorken ins Auge geknallt. Wegen einer schweren Netzhautverletzung musste der Spieler mehrere Monate pausieren.

23. Eintracht Frankfurt-Goalie Kevin Trapp rutschte bei einem Werbedreh aus und brach sich die Hand.

24. Beim Fernsehen versuchte der irische Topstar Robbie Keane, die Fernbedienung mit den Füßen zu erreichen und zog sich dabei mehrere Bänderrisse zu.

Skandale

Die größten Skandale im Fußball! Von gemeinen Tierquälern und Rüpel-Spielern bis hin zu tragischen Katastrophen und kriminellen Machenschaften. Wenn es um Fußball geht, gehen manche bis an die Grenzen der Legalität und manchmal auch darüber hinaus...

1. 2005 erschütterte der **Wettskandal** um Schiedsrichter Robert Hoyzer den deutschen Fußball. Seinen Anfang nahm der Skandal 2004 bei einem Pokalspiel zwischen dem Hamburger SV und Regionalligist Paderborn. Hoyzer verhängte zwei äußerst fragwürdige Elfmeter gegen den HSV und Paderborn gewann die Partie mit 4:2. Nachdem sich ein erster Manipulationsverdacht erhärtete und der DFB Strafanzeige erstattete, leiteten auch weitere Vereine, die sich von Hoyzer ungerecht behandelt fühlten, rechtliche Schritte ein. Der Schiedstrichter bestritt zunächst alle Vorwürfe, räumte aber später ein, Geld und Sachwerte als Gegenleistung für Spielmanipulationen erhalten zu haben. Außerdem bezichtigte er weitere

Schiedsrichter und auch einige Spieler, in Spielmanipulationen verwickelt gewesen zu sein. Hoyzer wurde später zu 2 Jahren und 5 Monaten Gefängnis ohne Bewährung und zu einer hohen Strafzahlung verurteilt.

2. Beim Cup-Spiel zwischen dem FC Liverpool und Nottingham Forest im Jahr 1989 kam es in Sheffield zur sogenannten „**Hillsborough-Katastrophe**". Bei der Massenpanik im überfüllten Stadion verloren 97 Menschen ihr Leben. Die Zeitung „The Sun" berichtete damals auf ihrer Titelseite unter der Überschrift „Die Wahrheit" davon, dass Liverpool-Fans die Rettungskräfte behinderten, Verletzte beraubten und sogar auf Tote urinierten. Das hatte zur Folge, dass in der Region Liverpool zum Boykott der Zeitung aufgerufen wurde. Daraufhin fiel die Auflage des Blattes dort von 400.000 auf 12.000. Später kam ans Licht, dass die Vorwürfe nicht stimmten – das Blatt entschuldigte sich allerdings nur halbherzig. Die Menschen in Liverpool boykottieren die Zeitung bis heute.

3. HSV-Spieler Paolo Guerrero bewarf 2010 einen Fan mit einer Trinkflasche und traf diesen dabei im Gesicht. Guerrero wurde für fünf Spiele gesperrt.

4. Der Spieler Luis Moreno sorgte 2011 für internationales Aufsehen, als er während eines Spiels, das live im kolumbianischen Fernsehen ausgestrahlt wurde, eine benommene Eule mit Anlauf vom Spielfeld kickte. Das Tier verendete am nächsten Tag. Moreno wurde eine Geldstrafe von 10.000 Euro aufgebrummt, außerdem musste er gemeinnützige Arbeit in einem Zoo verrichten.

5. **Die Schande von Istanbul**! 2005 trafen die Türkei und die Schweiz im Play-off um ein WM-Ticket aufeinander. Das Hinspiel gewannen die Schweizer 2:0. Das Rückspiel konnte die Türkei mit 4:2 für sich entscheiden, aufgrund der Auswärtstorregel verpasste man jedoch die Endrunde. Nach dem Schlusspfiff in Istanbul kam es zu tumultartigen Szenen. Schweizer Spieler wurden von Fans mit Gegenständen beworfen und von türkischen Spielern attackiert. Es gab mehrere Verletzte. Der Schweizer Ersatzspieler Stéphane Grichting musste nach einem Tritt in den Unterleib sogar ins Spital eingeliefert werden. Es folgten harte Geldstrafen für den türkischen Verband und einige Spieler. Außerdem durfte die türkische Nationalmannschaft die folgenden 6 Heimspiele nicht auf türkischem Boden austragen. Das Spiel

ging als die „Schande von Istanbul" in die Geschichtsbücher ein.

6. Diego Armando Maradona gehört unbestritten zu den besten Spielern aller Zeiten, war jedoch nicht frei von Skandalen. Im Viertelfinale der Weltmeisterschaft 1986 schlug Maradona den Ball mit der Hand über dem Kopf ins Tor der Engländer. Der Schiedsrichter fiel auf den Schwindel herein und gab den Treffer. Von den Medien darauf angesprochen, gab Maradona an, dass dies „**die Hand Gottes**" war. Das Tor bzw. der Spruch genießt bis heute Legendenstatus.

7. **Der Nichtangriffspakt von Gijón** – Bei der Weltmeisterschaft 1982 in Spanien trafen am letzten Spieltag der Vorrunde Deutschland und Österreich aufeinander. Beide Mannschaften waren noch nicht fix für die nächste Runde qualifiziert. Deutschland musste gewinnen und Österreich durfte höchstens mit 2 Toren Unterschied verlieren. Nachdem die deutsche Elf mit 1:0 in Führung ging, verflachte die Partie zunehmend, bis irgendwann beide Mannschaften den Ball nur mehr durch die eigenen Reihen zirkulieren ließen oder zum eigenen Torhüter spielten, ohne dabei vom Gegner attackiert zu werden. Der deutsche TV-Kommentator sprach von einer Schande, sein österreichischer Kollege forderte die Zuseher gar zum Ausschalten der TV-Geräte auf. Es blieb beim 1:0-Endstand und beide Mannschaften schafften den Einzug in die nächste Runde. Algerien, das ihr letztes Spiel bereits einen Tag

früher bestritten hatte, musste die Koffer packen. Als Reaktion auf dieses denkwürde Spiel finden bei Großturnieren seither die beiden letzten Gruppenspiele immer zeitgleich statt.

8. Nachdem der Kolumbianer Andres Escobar bei der Weltmeisterschaft 1994 in den USA ein Eigentor geschossen hat, wurde er wenige Tage später in seiner Heimat erschossen.

9. Stefan Effenberg flog bei der WM 1994 aus der deutschen Nationalmannschaft, weil er den eigenen Fans den Stinkefinger zeigte.

10. Nachdem Manchester United-Legende Eric Cantona während eines Spiels mehrfach von einem Fan in der ersten Reihe beleidigt wurde, sprang Cantona ihm brutal mit einem **Kung-Fu-Tritt** ins Gesicht. Er entkam zwar einer Gefängnisstrafe, wurde aber für ein halbes Jahr

gesperrt. Nach seiner Fußballkarriere war der Franzose als Schauspieler und Trainer im Beachsoccer tätig.

11. Christoph Daum wurde im Jahr 2000 positiv auf Kokain getestet und verlor daher seinen Trainerposten bei Bayer Leverkusen.

12. Wegen eines Manipulationsskandals musste der amtierende italienische Meister **Juventus Turin** 2006 in die Serie B (2. Liga) absteigen. Eine Saison später stieg die „alte Dame" jedoch bereits wieder in die Serie A auf.

13. Bei der Europameisterschaft 2020, die wegen der weltweiten Pandemie erst 2021 stattgefunden hatte, kam es beim Spiel zwischen Deutschland und Frankreich zu einem **dramatischen Zwischenfall** in der Münchner Allianz Arena. Ein Greenpeace-Aktivist wollte bei einer Protestaktion kurz vor Spielbeginn mit einem Fallschirm auf dem Rasen landen, verhedderte sich aber in Kabeln, die über dem Stadion gespannt waren. Zwei Zuschauer wurden von herabfallenden Teilen getroffen und schwer verletzt. Frankreich-Trainer Didier Deschamps brachte sich gerade noch in Sicherheit. Der Pilot konnte einen Zusammenstoß mit Zuschauern nur knapp verhindern und legte eine Bruchlandung auf dem Spielfeld hin. Nachdem Spieler sich nach dem Wohl des Aktivisten erkundigt hatten, wurde dieser von Sicherheitsleuten abgeführt.

14. Marco Reus wurde 2014 beim Autofahren ohne Führerschein erwischt. Es stellte sich heraus, dass er bereits 3 Jahre ohne Fahrerlaubnis unterwegs war. Vor Gericht wurde der deutsche Nationalspieler zu einer saftigen Strafe von einer halben Million Euro verurteilt.

15. Auch schon im Jahr 1971 erschütterte ein **Manipulationsskandal** die deutsche Bundesliga. Die abgestiegenen Kickers Offenbach belegten mit Tonbandaufnahmen, dass 18 Spiele manipuliert wurden. Unter anderem betroffen war das Spiel zwischen Schalke 04 und Arminia Bielefeld. Als Konsequenz wurde fast der gesamte Schalke-Kader gesperrt.

Alte Regeln & Sitten

Wie sind eigentlich die Fußballregeln entstanden? Nach welchen Regeln wurde früher gespielt? Bei so mancher Vorschrift wundert man sich, warum diese überhaupt niedergeschrieben wurde. **Wir begeben uns auf eine Zeitreise bis in die Anfänge des Fußballspiels!**

1. Die ersten bekannten Regeln im Fußball waren die sogenannten „**Sheffield-Regeln**". Diese wurden zur Nutzung des FC Sheffield zwischen 1857 bis 1877 entwickelt. Schon damals gab es Freistöße, Einwürfe und Eckbälle. Mit der Zeit spielten immer mehr Clubs in England nach diesen Regeln, bis 1877 die „Football

Association" damit beauftragt wurde, ein eigenes Regelwerk zu entwickeln.

2. Ein Gymnasiallehrer übersetzte die ersten Fußballregeln ins Deutsche. Von ihm stammen Begriffe wie Mittelstürmer, Abstoß und Linienrichter.

3. Bis 1912 durften Torhüter den Ball in der gesamten eigenen Hälfte mit der Hand aufnehmen.

4. Die von italienischen Mannschaften bekannte Catenaccio-Spielweise (zu Deutsch „Türriegel") stammt eigentlich aus der Schweiz. Der österreichische Trainer Karl Rappan entwickelte und perfektionierte die Spielweise in den 1930er Jahren bei der Schweizer Nationalmannschaft und den Grasshoppers Zürich.

5. Erst drei Jahre nachdem die ersten Fußball-regeln veröffentlicht wurden, wurde auch das Handspiel verboten.

6. Das Elfmeterschießen nach Verlängerung wurde in den 1960er Jahren vom deutschen Schiedsrichter Karl Wald aus Oberbayern erfunden. Vorher wurden Spiele, bei denen es nach Verlängerung noch immer keinen Sieger gab, jahrzehntelang per Los oder Münzwurf entschieden.

7. Der Elfmeter als Strafe für Fouls während des Spiels wurde 1891 vom irischen Torhüter William McCrum erfunden. Dabei war es egal, wo auf dem Spielfeld das Foul passierte. Damals gab es auch noch keinen Elfmeterpunkt, sondern eine Linie über die gesamte Breite des Spielfeldes, parallel zur Torlinie. Man nannte diese auch „**Sühnelinie**". Der Schütze durfte den Ball auf einem beliebigen Platz auf dieser Linie auflegen.

8. Das älteste belegbare Fußballspiel fand 1794 im englischen Sheffield statt und dauerte drei Tage. Im Spielbericht wurde vermerkt, dass es zu **keinen Todesfällen** kam.

9. Das erste dokumentierte Fußballspiel in Deutschland fand 1865 in Stuttgart statt.

10. Bevor 1875 Querbalken an den Toren befestigt wurden, wurde die Oberseite nur von einer Schnur begrenzt. Tornetze wurden dann 1890 eingeführt.

11. Bis 1902 hatte der Strafraum nicht die rechteckige Form, die wir heute kennen, sondern war ein Halbkreis.

12. Erst seit 1939 spielen Fußballer mit Rücken-nummern.

13. Als St. Pauli-Spieler Walter Frosch in der Saison 1976/77 stolze **27 gelbe Karten** sammelte, nahm man dies zum Anlass, Spieler auch spielübergreifend für gelbe Karten zu sperren. Zunächst musste man bereits nach der vierten gelben Karte für ein Spiel pausieren, heute erst nach der 5. Gelben.

14. Bei der Europameisterschaft 1996 wurde das „**Golden-Goal**" eingeführt. Nach der Welt-meisterschaft 2002 wurde es jedoch bereits wieder abgeschafft.

15. Fußballspieler trugen früher Mützen. Wie diese auszusehen hatten, war im Regelwerk klar definiert.

16. Halbzeitpause und Seitenwechsel gibt es bereits seit dem Jahr 1875.

17. Die erste Weltmeisterschaft, bei der Spieler ausgewechselt werden durften, war die WM 1970 in Mexiko.

18. Bis 1877 durfte ein Einwurf nur im rechten Winkel erfolgen.

19. Erst im Jahr 1995 wurde in Deutschland die 3-Punkte-Regel eingeführt. Vorher gab es für einen Sieg nur zwei Punkte.

20. Laut FIFA-Statuten muss ein offizieller Spielball einen Durchmesser zwischen 68 und 70 Zentimetern haben. Das Gewicht muss vor Spielbeginn zwischen 410 und 450 Gramm liegen. Bis zur Weltmeisterschaft 1966 durfte der jeweilige Gastgeber das Spielgerät auswählen, seit 1970 werden die offiziellen Bälle von Adidas gestellt. Beim WM-Finale 1930 zwischen Uruguay und Argentinien durfte jedes Land je eine Halbzeit mit „ihrem" Ball spielen. Bevor Fußbälle ein Luftventil bekamen, wurde die innere Gummihülle vernäht. Bei Kopfbällen hinterließ diese Nahtstelle immer wieder Verletzungen bei den Spielern.

21. Bis 1992 durften Torhüter einen kontrollierten Rückpass mit der Hand aufnehmen. Dies wurde dann mit der sogenannten Rückpassregel untersagt.

22. In den Anfängen des Fußballspiels wurden nach jedem Tor die Seiten gewechselt.

23. **11 Meter – oder doch nicht!?** Da der Elfmeterpunkt im englischen Original genau 12 Yards vom Tor entfernt ist, ergibt sich in Meter umgerechnet eine exakte Entfernung von 10,9728 Metern zum Tor. Der „Sechzehner" ist im englischen 18 Yards vom Tor entfernt, das entspricht wiederum 16,4592 Metern.

24. Wenn ein Spieler bereits vor Spielbeginn die rote Karte erhält, darf sein Team trotzdem mit 11 Spielern antreten.

25. Erst zur Weltmeisterschaft 1970 wurden im Fußball gelbe und rote Karten eingeführt. Platzverweise gab es allerdings auch schon früher, diese wurden jedoch mündlich ausgesprochen.

26. Seit 1896 muss ein Fußballfeld in Deutschland **baumfrei** sein.

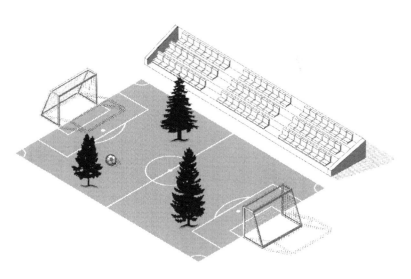

Das war's – wir hoffen dir hat das Buch gefallen und du hattest Spaß beim Lesen! Über dein Feedback oder eine Bewertung würden wir uns sehr freuen.

Impressum

© Felix Becker, M. Stellnberger
2021
1. Auflage

Alle Rechte vorbehalten.
Nachdruck, auch in Auszügen, nicht gestattet.
Kein Teil dieses Werkes darf ohne schriftliche
Genehmigung des Autors
in irgendeiner Form reproduziert, vervielfältigt oder
verbreitet werden.

Alle Fakten in diesem Buch wurden vom Autor und
vom Verlag sorgfältig erwogen und geprüft. Eine
Garantie kann dennoch nicht übernommen werden.
Eine Haftung des Autors beziehungsweise des Verlags
wird ausgeschlossen.

Felix Becker wird vertreten durch M. Stellnberger
Kontakt: Pixelstudio, Austraße 27a, 6063 Rum,
Österreich
E-Mail: info@pixel-studio.org

Printed in Poland
by Amazon Fulfillment
Poland Sp. z o.o., Wrocław

82836499R00067